La perruche callopsitte

MARABOUT

Thomas Haupt

Les perruches callopsittes

Bien les soigner
Bien les nourrir
Bien les comprendre

Photos : Karin Skogstad
Illustrations : Renate Holzner
Traduction : Christian Houba

TABLE DES MATIÈRES

3 Apprendre à les comprendre et s'en occuper

D Divers

Spécial enfants

S'informer avant d'acheter votre perruche callopsitte

Les perruches callopsittes vivent depuis si longtemps déjà au contact des hommes que l'on a presque oublié d'où elles proviennent. Leur patrie d'origine est l'Australie.

Le mode de vie des perruches callopsittes dans la nature

Les perruches callopsittes peuplent la presque totalité du continent australien, à l'exception des régions côtières humides. Leur habitat préféré est constitué d' espaces ouverts, où le regard porte loin, mais elles apprécient aussi la proximité d'un cours d'eau. Les perruches callopsittes se rencontrent souvent dans les régions de culture de céréales, car elles y trouvent de la nourriture en abondance. Néanmoins, leur alimentation naturelle se compose de graines de graminées comme celles du *Spinifex*, de graines de plantes sauvages et de fruits.

L'adaptation au climat

Le climat australien se caractérise par des variations de température très importantes. Souvent, il fait plus de 30°C pendant la journée, et, la nuit, la température peut tomber audessous de 0°C. Les oiseaux résistent très bien à ces fortes variations grâce à leur plumage, dont ils gonflent les plumes, créant ainsi une couche d'air isolante. En outre, ils se

Voici un beau mâle gris, la couleur naturelle des perruches callopsittes.

En vol, les parties blanches des ailes sont bien visibles.

réchauffent les uns au contact des autres. Ils supportent la chaleur du jour en buvant beaucoup, et en se baignant dans la rosée du matin, les flaques d'eau ou les mares. Ils régulent également leur température corporelle en somnolant à l'ombre ou en haletant tout en tenant les ailes écartées. Il n'existe pas de saison des pluies fixe dans le milieu où vivent les perruches callopsittes. Les précipitations y sont parfois très sporadiques, ce qui conditionne également la reproduction de l'oiseau et de la colonie tout entière (→ page 12).

La vie au sein du groupe

En général, les oiseaux vivent au minimum par couples, mais le plus souvent, ils forment de petites colonies. Au moment des migrations saisonnières et près des points d'eau, on peut rencontrer jusqu'à un millier d'oiseaux.

Les perruches callopsittes parcourent tout le pays pendant de longues semaines à la recherche de nourriture, d'eau ou d'un lieu de nidification approprié, tirant profit de leur extraordinaire aptitude au vol. En principe, les oiseaux trouvent leur nourriture sur le sol. Ils se posent également à terre pour boire. Très maladroits et démunis au sol, ils adoptent une attitude à la fois craintive et vigilante, guettant leurs prédateurs potentiels.
C'est avant tout la cohésion du groupe qui assure à chacun des oiseaux la sécurité nécessaire. Au cours de leur vol rectiligne et rapide, ils émettent constamment des cris de contact relativement sonores, destinés à leurs congénères. En revanche, au sol, les perruches callopsittes sont très silencieuses.

Une troupe impressionnante s'est réunie sur cet arbre.

La colonie tout entière accomplit en commun l'ensemble des activités quotidiennes. Si quelques oiseaux s'envolent pour aller boire de l'eau, ils sont suivis de tous les autres.
Seule exception : la période de couvaison et d'élevage des jeunes, pendant laquelle les deux partenaires unissent leurs efforts.

Les ennemis des perruches callopsittes

Les principaux ennemis des perruches callopsittes sont les rapaces, qui s'attaquent surtout aux animaux affaiblis, malades ou aux jeunes. Il est plus difficile pour eux de se concentrer sur une seule proie au sein d'une troupe solidaire.
Les serpents ne capturent pas d'oiseaux adultes, mais peuvent détruire ou dévorer la ponte ou manger les jeunes qui ne savent pas encore voler.
L'homme lui-même compte parmi les ennemis des perruches callopsittes. Elles sont souvent poursuivies sans répit par les fermiers, car ces bandes d'oiseaux peuvent causer des dégâts considérables dans les champs de céréales. En outre, elles sont souvent victimes de la circulation, des intempéries, de la sécheresse et des

Traits caractéristiques de la perruche callopsitte

Origine	Presque totalité de l'Australie, à l'exception des côtes humides.
Habitat	Steppes herbacées, régions arides, zones semi-désertiques et zones cultivées avec points d'eau.
Aspect	Forme sauvage (→ page 13/14). A l'heure actuelle, de nombreux oiseaux d'élevage ont un plumage aux coloris variables et des huppes de tailles différentes.
Taille	32 cm en moyenne, du sommet de la tête à l'extrémité de la queue
Queue	Environ 15 cm.
Poids	De 80 à 100 grammes.
Durée de vie	Jusqu'à 15 ans, et plus dans des cas exceptionnels.
Maturité sexuelle	A 9 mois environ.
Reproduction	D'août à décembre dans son pays d'origine.
Mue	Plus importante vers la fin de la période de reproduction, bien que permanente, avec de temps en temps la perte d'une plume.
Nbre d'œufs par couvée	De 4 à 5 oeufs en moyenne, parfois davantage.
Ponte des oeufs	A intervalles de deux jours.
Début de l'incubation	A partir du deuxième oeuf en général.
Durée de l'incubation	De 18 à 21 jours.
Séjour au nid	Environ 33 jours.

feux qui se déclarent dans le bush.

Naissances au sein de la colonie

L'eau, la nourriture et les possibilités de nidification sont les facteurs les plus importants pour la réussite de l'élevage des jeunes dans la nature.
Si les conditions de leur milieu se modifient, par exemple en cas de sécheresse, ou si les champs ont été moissonnés, l'instinct migratoire se réveille progressivement. Au début,

Se baigner dans des feuilles humides équivaut à prendre un bain de rosée dans l'herbe.

CONSEIL

Toutes les perruches callopsittes que l'on trouve en animalerie aujourd'hui proviennent d'élevages. Les oiseaux sauvages ne sont plus commercialisés depuis quelques décennies. Vous n'avez donc pas à avoir mauvaise conscience en acquérant un de ces animaux. Ils sont habitués à vivre sous la protection des hommes.

seuls quelques-uns d'entre eux s'agiteront, jusqu'à ce qu'enfin, la troupe entière prenne le départ, pour trouver un nouvel endroit. Le fait qu'ils s'installent dans un lieu déjà occupé précédemment relèvera plutôt du hasard.

En Australie, les perruches callopsittes se reproduisent généralement entre août et décembre. Des nichées exceptionnelles, réparties sur toute l'année, sont cependant possibles. Les perruches callopsittes nichent dans des trous appropriés, comme les cavités des branches de vieux arbres ou les troncs cassés. Comme ce type de trous est plutôt rare, le comportement territorial des perruches callopsittes n'est pas très prononcé.

En outre, la colonie offre une certaine sécurité aux jeunes oiseaux. Les perruches callopsittes ne pourchassent leurs congénères qu'à proximité immédiate du nid. Peu après s'être installée dans une cavité, la femelle commence à pondre.

Elle pond de 2 à 5 oeufs, à raison d'un oeuf tous les deux jours, qui seront couvés par les deux partenaires. Au bout de 19 jours environ, les jeunes vont également éclore un à un tous les deux jours. Ils sont dépourvus de plumes, maladroits et se blottissent les uns contre les autres pour se réchauffer et se soutenir. Leur mère les réchauffe et prend soin d'eux. Au début, elle est la seule à les nourrir. C'est le mâle qui lui apporte la nourriture à l'entrée du nid.

Plus les jeunes grandissent, plus le père participera à leur alimentation. Au bout de 4 à 5 semaines, les jeunes grimpent jusqu'à l'entrée du nid et commencent à y exercer leurs ailes. Puis ils s'aventurent à faire leurs premiers pas sur l'arbre. A ce stade, ils restent encore au nid pendant 2 à 3 semaines. C'est en général le mâle qui s'occupe alors d'eux.

Les petites perruches callopsittes apprennent à connaître la vie de la troupe, forment des petits groupes de jeunes oiseaux au sein de celle-ci puis finissent par y être intégrées.

Forme d'origine de la perruche callopsitte

Corps : plus fin et plus gracieux

que chez ses congénères domestiquées.
Plumage : gris à gris noir. La huppe, le front et les joues sont jaunes. Les oiseaux des deux sexes ont une tache orangée sur la joue. Les couvertures alaires et les rémiges sont blanches. La femelle a un masque gris légèrement taché de jaune, et le mâle a un masque jaune vif. Tous deux ont un cercle gris dénudé autour de l'œil.
Rectrices : les rectrices supérieures et centrales sont gris pâle, mais le dessous de la queue est gris foncé. Chez la femelle se dessinent, en outre, des ondulations jaunes sur le dessous.
Bec : la corne du bec est grise.
Mode de vie : oiseau grégaire, qui parcourt tout le pays à la recherche de nourriture, d'eau et de cavités pour y construire son nid.

Comment la perruche callopsitte a été introduite en Europe

La colonisation de l'Australie par l'Europe ne s'est produite qu'au 18e siècle. Le développement de la navigation — qui était alors le seul moyen de s'y rendre — a permis de transporter des biens, des produits et des animaux en provenance d'Australie vers le Vieux Monde. C'est ainsi que l'on y importa également des oiseaux vivants, comme nos perruches callopsittes. Leur élevage ne présentant guère de difficultés, elles se répandirent rapidement.

Le nom latin

Les scientifiques ont réparti les êtres vivants en classes, ordres et familles. Pour que cette classification soit universelle, les scientifiques du monde entier utilisent des dénominations

Toutes les perruches callopsittes apprennent-elles à parler ?

Malheureusement, les perruches callopsittes ne sont pas aussi douées pour apprendre à parler que le perroquet gris ou le mainate, par exemple. Cependant, beaucoup d'entre elles sont capables de très bien siffler des mélodies. Tu peux tenter l'expérience pour voir si ton oiseau aime cela. L'essentiel est que tu lui joues ou que tu lui chantes toujours la même mélodie. Il essaiera alors peut-être de l'imiter. Certaines perruches callopsittes peuvent également apprendre à répéter des mots. Pour y arriver, il faut beaucoup exercer ton oiseau. Commence par des mots simples, comme "bonjour" ou "au revoir". Page 110, tu trouveras des indications précises sur la meilleure façon d'apprendre à parler à ton oiseau.

Un couple de perruches callopsittes pie à face blanche. Le mâle gratte tendrement la nuque de la femelle.

latines. Le nom latin de la perruche callopsitte est *«Nymphicus hollandicus-Kerr»*. Le nom du genre *«Nymphycus»* vient du grec et signifie «jeune femme», le terme grec «nymphikos» signifiant plus précisément «nuptial». La perruche callopsitte doit donc le nom de son genre à sa fine silhouette, semblabe à celle d'une jeune fille.

La deuxième partie du nom latin, *«hollandicus»*, c'est-à-dire le nom de l'espèce, se réfère à l'origine de l'oiseau. *«Hollandicus»* signifie «originaire de Hollande», et «Nouvelle-Hollande » est l'ancien nom de l'Australie. La troisième partie, *«Kerr»*, signifie que c'est un certain Kerr qui, le premier, a étudié et décrit de manière scientifique ces oiseaux.

Obtention des variétés de différentes couleurs

Même dans la nature, les perruches callopsittes ont parfois un plumage de couleur différente. Les animaux concernés sont alors aisément repérables parmi leurs congénères aux couleurs naturelles. S'ils ne sont pas capturés par l'homme, à moins d'avoir beaucoup de chance, ils seront rapidement la proie des prédateurs. Ils ne disposent pas du plumage de camouflage qui est apparu au

cours de l'évolution. Comme ils n'ont guère de chance de survie, il est également peu probable qu'ils se reproduisent et transmettent à leur descendance les gênes déterminant ces couleurs modifiées.
En captivité, il en va tout autrement. L'éleveur fait une sélection. Il peut procéder à certains accouplements pour favoriser ou renforcer l'apparition de certaines caractéristiques ou, au contraire, les faire disparaître. C'est ainsi que sont apparues peu à peu des perruches callopsittes de couleurs différentes, se distinguant plus ou moins de la forme sauvage.
Les perruches callopsittes sont, à l'origine, grises, avec un poitrail et un ventre parfois plus clairs. Certaines ont une légère pointe de brun. Leur huppe, leur front et leurs joues sont jaune vif. Les deux sexes possèdent de grandes taches orangées sur la joue. Chez le mâle, elles sont de couleur plus vive. Les couvertures alaires et les rémiges sont blanches. Le croupion ainsi que les rectrices supérieures et centrales sont gris pâle. En revanche, les rectrices externes et le dessous de la queue sont gris foncé. Le cercle oculaire est gris. La corne du bec est grise aussi. L'iris est brun foncé et les pattes sont grises. Les femelles ont un masque et une huppe mêlés de gris. Leur tache orange sur la joue est d'un orangé pâle, le dessous des rectrices est jaune, fortement marbré de gris foncé, dessinant ainsi des ondulations. Il y a des taches blanc jaune à la face inférieure des ailes. Les jeunes oiseaux ont à peu près la même couleur que les femelles. Cependant, leur bec a une couleur chair. Ils changent de couleur à environ 3 mois. Les jeunes mâles ont souvent davantage de plumes jaunes dans la région de la tête.
Remarque : vous trouverez les couleurs de plumage les plus appréciées de la page 34 à la page 39.

CONSEIL

Actuellement, les perruches callopsittes présentent une grande variété de coloris (→ page 34). Cependant, leur coloris n'a aucune influence sur leur caractère, leur talent et leur psychisme. Quelquefois, il facilite simplement la détermination du sexe.

Ces deux perruches pie s'aiment d'amour tendre.

Voici l'aspect qu'ont des plumes saines.

Réflexions préalables à l'achat d'une perruche

Les perruches callopsittes ont une nature douce, s'adaptent aisément, et elles sont espiègles. Elles sont faciles à élever et ne réclament pas de soins trop exigeants. Vous devriez cependant vous poser quelques questions fondamentales avant d'en acquérir une.

Questions pratiques

1 Les perruches callopsittes, qui vivent en troupes, sont des animaux très sociables. C'est pourquoi il est conseillé d'en prendre deux d'emblée. Cependant, même deux oiseaux doivent pouvoir échapper à la monotonie de la captivité et se distraire quotidiennement. Etes-vous prêt à offrir aux oiseaux les conditions de vie qui leur conviennent ?

2 Les perruches callopsittes bien soignées atteignent environ une quinzaine d'années. Etes-vous prêt à en assumer la responsabilité aussi longtemps ?

3 Les perruches callopsittes ont besoin d'une cage spacieuse ou d'une cage-volière. Ces équipements coûtent cher. Leur alimentation quotidienne a également un prix. Si elles sont malades, vous devrez consulter un vétérinaire. Avez-vous tenu compte de ces dépenses ?

4 Vous devrez donner chaque jour nourriture et boisson aux oiseaux. Il faut procéder au nettoyage complet de la cage au minimum une fois par semaine. Disposez-vous de suffisamment de temps pour cela ?

5 Lorsque l'oiseau vole librement dans l'appartement, certains meubles ou objets peuvent être salis (→ page 102). L'accepterez-vous ?

6 Les enfants se désintéressent souvent rapidement de l'animal qu'ils avaient souhaité (→ page 24). Dans ce cas, êtes-vous prêt à prendre la relève ?

7 Connaissez-vous une personne fiable pour s'occuper de votre oiseau pendant vos vacances ou lorsque vous êtes absent pour d'autres raisons ?

8 Y a t-il déjà chez-vous d'autres animaux qui risqueraient éventuellement de ne pas s'entendre avec votre perruche callopsitte (→ page 23) ?

9 Les perruches callopsittes sont assez bruyantes. Le supporterez-vous ?

10 Certains membres de la famille souffrent-ils d'allergie aux plumes (→ page 66), ressentez-vous une aversion pour les oiseaux ou avez-vous besoin de beaucoup de calme ?

eux perlés. Les perruches allopsittes sont idéales pour n amateur débutant.

Mâle ou femelle ?

Si vous n'avez pas l'intention de faire l'élevage de perruches calopsittes, le sexe des oiseaux n'a guère d'importance. Si vous les adoptez jeunes, les deux sexes s'apprivoiseront aussi bien l'un que l'autre.

Le mâle possède cependant le plus grand talent d'imitateur. En raison d'un comportement inné qui consiste à impressionner sa partenaire et ses rivaux, il vous fait parfois la cour, s'il vit seul et a reporté son affection sur vous. Il essaie alors de répéter une grande partie de ce qu'il entend.

Remarque : cependant, tous les mâles n'apprennent pas à répéter des mots ou à imiter des mélodies.

Reconnaître le sexe de l'oiseau

Chez les jeunes oiseaux, distinguer les mâles des femelles présente quelques difficultés. Les oiseaux des deux sexes sont alors presque encore identiques.

Chez les animaux d'un certain âge, notamment ceux dont le plumage a conservé sa couleur d'origine, le meilleur critère de distinction reste le masque jaune, présent seulement chez le mâle. Le masque est encore très pâle chez les jeunes animaux. Il ne change de couleur que lorsqu'ils ont huit ou neuf mois.

Le masque, c'est-à-dire la partie du visage dont la couleur se distingue nettement du reste du plumage, est d'un jaune très pâle chez le mâle. Le visage de la femelle est de la couleur du corps, mais chez certaines variétés, on y distingue un délicat soupçon de jaune.

Principale caractéristique de la femelle : les oiseaux de presque toutes les colorations ont des rayures jaunes et noires sur le dessous de la queue. En outre, les bordures des rectrices sont légèrement blanches,

CONSEIL

On dit souvent que seuls les mâles s'apprivoisent et apprennent à parler. En réalité, les deux sexes deviennent aussi confiants l'un que l'autre. Cependant, les mâles, qui cherchent de manière innée à impressionner, essaient davantage d'imiter la voix de leur maître. Ils voient en lui une espèce de modèle et de concurrent.

Il vaut mieux ne pas laisser ensemble un chien et une perruche callopsitte sans les surveiller.

En mettant des cynorhodons à sa disposition, vous faites plaisir à votre perruche callopsitte.

tandis qu'elles sont grises chez le mâle.

Remarque : si vous vous posez des questions quant au sexe de votre oiseau, interrogez un éleveur expérimenté, un membre du personnel d'une animalerie ou un vétérinaire.

Oiseau seul ou couple ?

Dans la nature, les perruches ondulées vivent en groupe. Leur besoin de contacts sociaux et de la présence physique d'un partenaire est très développé. Un être humain ne peut combler ce besoin si l'oiseau est seul.

Posséder au moins deux perruches callopsittes permet de répondre aux besoins naturels des oiseaux, à condition toutefois de les installer dans une cage suffisamment grande (→ page 42).

Les oiseaux seuls sont plus proches de leur propriétaire, mais demandent beaucoup plus d'attentions. Il faut impérativement qu'ils aient de nombreuses activités quotidiennes.

Chez un couple, il peut arriver que la femelle ponde, alors que le propriétaire n'a pas l'intention de faire un élevage. Mais elle ne couvera ses oeufs que si elle dispose d'un nichoir approprié.

Les perruches callopsittes sont-elles câlines ?

Aucun oiseau n'aime que tu l'attrapes dans ta main et que tu le caresses. Si tu agis ainsi avec ta perruche callopsitte, elle se sentira à l'étroit et prisonnière.

Cependant, elle aimera s'installer sur ton épaule. De là-haut, ce qu'elle préfère, c'est observer tout ce que tu fais. Si ton oiseau voit quelque chose de nouveau, il l'observera d'abord avec intérêt puis, si possible, l'explorera soigneusement avec son bec. Ta perruche callopsitte appréciera aussi de grimper sur ton doigt, que tu la tiennes devant ton visage et que tu lui parles doucement. Tu peux attirer presque n'importe quel oiseau sur ta main en te servant d'un morceau d'épi de millet.

Deux oiseaux mâles ou femelles s'entendent, en général, aussi bien qu'un couple. C'est particulièrement vrai lorsque les animaux sont acquis ensemble lorsqu'ils sont jeunes.

Cette perruche callopsitte pie perlée nous fait une démonstration de sa grande souplesse.

Attention au coton. La perruche peut en avaler de petits bouts, et ainsi causer une inflammation du jabot.

Chacun des oiseaux peut alors assumer le rôle de l'oiseau du sexe manquant. On assiste ainsi à une espèce d'association utilitaire ou à un pseudo-couple. Si vous prenez plus de deux oiseaux, veillez toujours à répartir les sexes de façon équilibrée. En compagnie d'autres congénères, les oiseaux ne s'apprivoisent pas aussi bien qu'un oiseau seul, mais vous pourrez alors effectuer des observations intéressantes. Toutefois, les perruches callopsittes développent une certaine confiance vis-à-vis de la personne qui s'occupe d'eux.

Les perruches callopsittes et les autres animaux domestiques

En général, les perruches callopsittes sont des êtres accommodants. On peut sans difficulté les élever en compagnie d'autres oiseaux comme les perruches ondulées, les moineaux de Java, les perruches du genre *Neophema*, les canaris, les

inséparables *(Agapornis)* ou les cailles.
La compagnie d'un chien ne posera pas de problème, à condition que celui-ci n'ait pas un instinct de chasse trop prononcé. Toutefois, il ne faut pas laisser ensemble un chien et un oiseau sans les surveiller.
Les chats ont un instinct de prédation développé. Même lorsque l'oiseau est en cage, beaucoup de chats tentent de passer la patte à travers le grillage.
Cela a pour effet d'inquiéter la perruche callopsitte et provoque chez elle un état de stress permanent.
En revanche, la cohabitation avec de petits animaux comme les hamsters, les cochons d'Inde, les souris ou les lapins ne pose aucun problème.

Les enfants et les perruches callopsittes

Les oiseaux ne sont pas faits pour être caressés et ne peuvent donc être les compagnons de jeu des jeunes enfants. Les enfants aiment justement promener leurs animaux dans les bras, les serrer contre eux et les caresser. Mais ils peuvent se montrer un peu brutaux et blesser l'oiseau, à la constitution fragile.
Cependant, un enfant de plus de sept ans, disposé à soigner une perruche ondulée et auquel on enseigne correctement la façon de s'en occuper, peut devenir son ami pour de longues années. Les enfants apprennent ainsi assez tôt à assumer la responsabilité d'une autre créature. En tant que parents, entretenez-vous quotidiennement avec votre enfant de l'oiseau, de sa forme, de ses repas,

Check-list pour les vacances

1. Les oiseaux restent à la maison
C'est dans leur environnement habituel que les perruches callopsittes se sentent le mieux. Si vous n'êtes absent qu'un ou deux jours, il suffit de laisser l'oiseau avec suffisamment d'eau et de nourriture dans sa cage. Les perruches callopsittes ne doivent jamais être laissées seules en liberté. Le risque qu'elles se blessent serait trop grand. Si vous vous absentez plus longtemps, prévoyez une autre solution.

2. Une personne vient s'en occuper
Une personne de confiance qui, en votre absence, vient chez vous et nourrit vos animaux, est la meilleure solution pour eux. Laissez à cette personne des indications précises sur les soins à donner, l'adresse du vétérinaire, votre adresse de vacances et suffisamment de réserves de nourriture.

3. Vous mettez les oiseaux en pension
Adressez-vous aux pensions pour animaux, ainsi qu'aux animaleries, qui font parfois office de pension. Informez-vous à temps, avant l'arrivée des vacances, pour savoir s'il y a de la place. Les membres de votre famille ou vos amis peuvent également se montrer ravis de garder vos perruches.

4 .Vous emmenez les oiseaux
Un changement d'environnement et un voyage épuisant constituent toujours un stress pour l'oiseau. C'est pourquoi il est déconseillé d'emmener des perruches ondulées avec vous en vacances. Mais si vous possédez une maison ou un appartement de vacances et si le trajet n'est pas trop long, alors vous pouvez emporter les oiseaux dans leur cage habituelle. Ne les exposez jamais aux courants d'air, à la chaleur ou à un soleil trop ardent. Vous pouvez au préalable essayer de faire un trajet avec la cage. Si vous partez à l'étranger, renseignez-vous sur les dispositions relatives à l'entrée de votre animal dans le pays. Votre vétérinaire pourra vous conseiller.

Une perruche callopsitte apprivoisée aime participer à tout. Ce que préfère celle-ci, c'est être transportée sur l'épaule.

etc., afin qu'il conserve son intérêt pour lui et que vous ayez un aperçu de l'évolution de cette relation.
L'achat de nourriture ou la fabrication de perchoirs à l'aide de branches (→ page 44) peut constituer une occupation intéressante et permet d'affirmer le sentiment qu'a l'enfant de sa propre utilité.
A environ 12 ans, un enfant devient capable de nourrir seul son oiseau et de bien s'y prendre avec lui. Vous devriez cependant vérifiez si tout se passe bien. J'ai souvent vu dans mon cabinet des perruches callopsittes à demi-mortes de faim.

Questions juridiques relatives à la possession de perruches callopsittes

Droit locatif

Si aucune disposition relative à l'hébergement d'animaux ne figure dans votre bail, vous avez en principe le droit d'héberger dans votre appartement les animaux domestiques courants. En effet, la possession d'animaux fait partie d'une utilisation contractuelle de l'appartement, tant que ces animaux ne créent pas de troubles. Cela s'applique à plus forte raison aux perruches callopsittes, qui ne sont pas de nature à troubler la tranquillité de l'immeuble. Elles ne dégagent pas d'odeur gênante et ne sont pas bruyantes. De plus, elles ne risquent guère de causer de dommages à l'appartement. En France, depuis la loi Thome-Patenôtre de 1970, les propriétaires n'ont plus le droit d'interdire aux habitants d'une maison ou d'un appartement d'avoir un animal domestique. Le locataire n'a donc pas besoin d'autorisation expresse pour héberger des perruches ondulées. Cet hébergement ne devient problématique que lorsqu'une ou deux perruches donnent naissance à un véritable élevage comprenant un grand nombre d'animaux. Il faut alors vérifier au cas par cas dans quelle mesure la tranquillité de l'immeuble est troublée ou non.

Droit du propriétaire

Une interdiction générale d'héberger des perruches callopsittes dans un immeuble en copropriété ne serait valide que si elle faisait l'objet d'un accord contractuel des copropriétaires. En revanche, une décision des copropriétaires limitant à un nombre raisonnable les animaux hébergés dans l'immeuble pourrait être adoptée.

Elevage

Toute personne qui souhaite élever des perruches callopsittes pour son compte ou à titre professionnel, doit en obtenir l'autorisation administrative, dans le cadre de la lutte contre les maladies contagieuses des animaux et la psittacose. Certes, la "maladie des perroquets" ne représente plus un risque important à l'heure actuelle, mais le législateur veut cependant s'assurer que l'élevage est constitué d'animaux en bonne santé. C'est pourquoi, afin de pouvoir éventuellement repérer les animaux malades, tous les perroquets et perruches issus d'un élevage légal et enregistré sont dotés d'une bague à la patte, qu'il ne faut pas enlever si elle ne risque pas de blesser l'oiseau.

Baguage

Fournie par les sociétés ornithologiques, la bague porte le numéro de référence de l'élevage et l'année de naissance de l'oiseau. En principe, il faudrait que l'animal porte sa bague, car s'il s'envole, son propriétaire pourra être retrouvé grâce à son numéro matricule. Toutefois, le port de la bague peut poser un problème. L'oiseau risque de s'accrocher ou de se blesser. La bague peut aussi entraver la circulation sanguine. Dans ce cas, il faut demander à l'oiseleur ou au vétérinaire de l'ôter. Veillez cependant à la conserver, car elle prouve l'origine de votre perruche.

Protection des espéces

De nombreuses espèces de perroquets et de perruches sont aujourd'hui protégées dans leur pays d'origine et dans tous les pays signataires de la Convention de Washington. Des règlements nationaux et internationaux limitent l'importation et la commercialisation de certaines espèces recherchées pour la beauté de leur plumage et, de ce fait, particulièrement menacées.

Si aucune disposition contraire ne figure dans votre bail, vous avez le droit d'héberger des perruches callopsittes (→ page 26).

Eléments à prendre en compte au moment de l'achat

Ne vous précipitez pas lorsque vous achèterez votre perruche callopsitte. Observez les oiseaux pendant un certain temps avant de faire votre choix. En procédant ainsi et en suivant les quelques conseils que je vous donne dans le chapitre suivant, vous vous épargnerez des déceptions futures.

Où vous procurer une perruche callopsitte ?

On trouve des perruches callopsittes dans toutes les bonnes animaleries. Mais vous pouvez également vous adresser à un éleveur sérieux pour trouver un oiseau jeune et en bonne santé. On reconnaît la compétence du personnel d'une animalerie et le sens des responsabilités d'un éleveur au fait qu'ils disposent de connaissances solides et qu'ils s'efforcent de ne proposer que des animaux en bonne santé et exempts de défauts.

Un contrat de vente devrait vous être remis dans tous les cas. Ainsi, s'il est établi ultérieurement que la perruche callopsitte souffrait déjà d'une maladie lorsque vous l'avez achetée, vous êtes en droit de résilier le contrat ou d'obtenir une réduction du prix de vente. Dans le contrat doivent figurer les éléments suivants : date de l'achat, numéro de la bague, prix de vente, signature du vendeur et de l'acheteur. Le sexe de l'oiseau devrait également être mentionné, si ce critère est décisif pour vous.

Remarque : je vous déconseille d'acheter des perruches callopsittes par correspondance auprès de commerçants en gros. En effet, les animaux sont stressés par le transport et ainsi davantage sujets aux maladies.

Bien choisir l'oiseau

Il faudrait toujours choisir soi-même l'oiseau que l'on souhaite acquérir et se faire personnellement une idée des conditions dans lesquelles il vit. Vérifiez les points suivants :

- Les cages dans lesquelles se trouvent les oiseaux sont-elles suffisamment grandes, propres et claires ?
- Disposent-ils de nourriture et d'eau en quantité suffisante et, surtout, propres ?

Les épis de maïs sont de saines friandises qui permettent en outre d'occuper l'oiseau.

En vol, les pattes sont étirées vers l'arrière, pour opposer le moins de résistance possible à l'air.

■ Y a-t-il du sable sur le fond de la cage et voit-on s'il est régulièrement nettoyé ?

■ Quelle attitude ont les oiseaux ? Un grand nombre d'entre eux dorment-ils, et quelques-uns ont-ils en outre le plumage ébouriffé ?

■ Les oiseaux sont-ils trop à l'étroit dans la cage ou peuvent-ils un tant soit peu satisfaire leur besoin de bouger et de voler ?

■ Lorsque les oiseaux ont la possibilité de voler, le font-ils ? L'ensemble de ces observations et de ces questions devraient vous aider lors de l'achat d'un oiseau. Si l'animalerie ou l'éleveur, leurs animaux ou leurs installations ne vous inspirent pas confiance, ne leur achetez pas d'oiseau. Evitez d'acheter une perruche callopsitte parce que vous avez pitié, car vous ne ferez que libérer de la place pour une future victime.

Pourquoi vaut-il mieux choisir un oiseau ieune ?

Si l'on ne souhaite pas faire d'élevage, mais plutôt adopter un compagnon domestique, mieux vaut choisir un oiseau jeune (→ tableau page 33).
Les jeunes animaux n'ont généralement pas encore fait de mauvaises expériences avec l'homme et sont très confiants de nature.
L'apprivoisement d'un oisillon inexpérimenté est, en général, beaucoup plus simple que celui d'un oiseau qui a déjà passé quelque temps en compagnie d'autres oiseaux, à l'intérieur de la volière, et s'est peut-être déjà mis à la recherche d'un partenaire.
Essayez d'obtenir un oiseau âgé d'environ 6 à 7 semaines. C'est un âge auquel les jeunes perruches callopsittes se prêtent particulièrement bien à de nouvelles expériences et à de nouveaux contacts.
La petite perruche callopsitte vient de passer ses 4 premières semaines dans le nichoir, ses parents ont encore pris soin d'elle pendant environ 2 semaines et elle est désormais presque complètement indépendante. Elle peut déjà se nourrir seule et ne dépend alors plus de ses parents.

Aspect d'une perruche callopsitte en bonne santé

En choisissant votre perruche callopsitte, vous devrez être en mesure d'estimer si l'oiseau a l'air en bonne santé ou non. Veillez aux points suivants :

- L'oiseau est alerte et vif.
- Un oiseau en bonne santé fait sa toilette et a des contacts avec ses congénères.
- Lorsqu'elles dorment, les perruches callopsittes reposent généralement sur une patte et enfouissent leur tête dans les plumes de leurs ailes.
- Le plumage est lisse et ajusté. L'animal possède un plumage complet. Les jeunes oiseaux ont également toutes leurs plumes lorsqu'ils quittent le nichoir.
- Les yeux sont propres.
- Les narines ne sont pas bouchées.
- Les plumes entourant le cloaque — orifice ano-uro-génital d'un oiseau — sont propres.
- La poitrine doit être musclée et ne doit pas paraître concave.
- Les pattes et les doigts doivent être complets, c'est-à-dire

CONSEIL

Prenez votre temps lorsque vous achetez un oiseau. Choisissez avec soin votre perruche callopsitte. Observez les oiseaux un certain temps avant d'acheter. Les décisions trop rapides entraînent souvent des problèmes.
Si deux perruches callopsittes forment manifestement un couple, ne les séparez pas : achetez-les ensemble (→ page 33).

La vie est belle pour ce mâle, dont la femelle caresse doucement la huppe.

Une telle balançoire garnie d'une friandise est une invitation au jeu.

que chaque patte doit comporter quatre doigts. En outre, les doigts ne doivent pas présenter de dépôts et ne doivent pas être salis par les excréments. Un doigt manquant ne constitue généralement pas un handicap, mais peut éventuellement donner lieu à un rabais.

Critères permettant d'identifier une perruche callopsitte malade :

- Les animaux malades sont apathiques et demeurent souvent immobiles dans un coin. En général, leurs congénères les évitent.
- Le plumage est hérissé ou gonflé. Souvent, il y manque quelques plumes, voire des parties entières du plumage.
- Les yeux ou les narines peuvent présenter un écoulement ou être collés. Souvent, les yeux sont en outre à demi plissés et l'oiseau dort beaucoup.
- Lorsqu'il dort, l'oiseau malade repose fréquemment sur ses deux pattes.
- Si l'oiseau a la diarrhée, son cloaque est sali par les excréments.
- On peut également constater des rougeurs de la peau. Demandez au vendeur de souffler sur le plumage de la perruche. Vous pourrez ainsi inspecter son épiderme.
- Chez les oiseaux malades, les muscles pectoraux sont souvent effondrés et le bréchet est saillant. On peut le sentir en le palpant.
- Des dépôts collants sur les pattes et le plumage indiquent que l'animal ne se nettoie presque plus.

Remarque : observez les oiseaux un certain temps. Même les oiseaux en bonne

Aspect d'une perruche callopsitte jeune (au plumage classique)		
	Jeune perruche callopsitte	**Perruche callopsitte adulte**
Yeux	Noirs.	Noirs.
Plumage	Le masque n'est pas encore coloré. Les couleurs du plumage sont plus pâles que chez l'oiseau adulte.	Le masque apparaît en totalité, le plumage se pare de couleurs intenses.
Bec	De couleur chair.	Gris.
Huppe	Encore petite.	Complètement formée.

santé se reposent de temps en temps ou se mettent parfois brièvement à l'écart de leurs congénères.
Cependant, si vous percevez chez un oiseau plusieurs symptômes de maladies, ne l'achetez pas et évitez aussi d'acquérir l'un de ses compagnons de cage, qui pourrait également être malade.

Comment reconnaît-on un couple de perruches callopsittes ?

Les perruches callopsittes établissent souvent rapidement une amitié avec un de leurs congénères. Cela peut aussi se produire dans une animalerie. Les couples ainsi formés sont souvent constitués d'un mâle et d'une femelle. Cependant, il peut s'agir de deux oiseaux du même sexe.
Il ne faut en aucun cas séparer un couple. Il vaut mieux acheter les deux oiseaux en même temps. Cependant, si vous souhaitez absolument vous limiter à un seul compagnon, choisissez un oiseau qui n'a manifestement pas encore trouvé de partenaire.
On reconnaît un couple au fait que les deux oiseaux se tiennent serrés l'un contre l'autre sur le perchoir, et ont des contacts corporels et vocaux.
Un couple ne s'apprivoise pas aussi bien qu'un oiseau seul, mais les deux partenaires sont heureux et souffrent moins de rester occasionnellement seuls qu'un oiseau unique.

Les plumages aux couleurs les plus appréciées

Les perruches callopsittes présentent des teintes très variées. Dans les pages suivantes, vous découvrirez celles qui ont le plus de succès.

■ Lutinos : les animaux ont les yeux rouges, un plumage légèrement jaunâtre et des joues orangées. Leurs pattes sont rose pâle, leur bec et leurs griffes ont une couleur blanchâtre.

■ Pie : l'apparence des perruches callopsittes pie est relativement disparate. Celles-ci ont de grandes taches blanches irrégulières ou des parties du corps blanches sur fond gris.

■ Cannelle : sur le corps, le plumage est d'une teinte cannelle douce. Toutes les autres parties du plumage, comme la huppe et la tête, sont identiques à celles des individus sauvages (→ page 16). Les oisillons ont les yeux rouges, ceux des oiseaux adultes sont foncés.

■ Perlé : les animaux ont des plumes grises bordées de jaune sur le dos, la gorge, la poitrine et le croupion. Certains oiseaux ont aussi des plumes claires, presque blanches, bordées de jaune. Les perruches callopsittes donnent ainsi l'impression d'avoir des écailles. La huppe de ces oiseaux est foncée. Les jeunes mâles, qui dans tous les coloris commencent par ressembler à la femelle, sont également perlés. Devenus adultes, leurs perles disparaissent et ils prennent la couleur d'origine de leur espèce.

D'autres oiseaux dits "perlés" ont des plumes claires à bordures foncées. Cette bordure persiste chez les femelles, mais elle disparaît chez les mâles.

■ Argenté : ces oiseaux ont un plumage clair, d'un délicat gris argenté.

■ Face blanche : chez les mâles, la huppe est d'un blanc pur. La tête des femelles est d'un gris pâle, et s'éclaircit vers l'arrière.

■ Albinos : ces animaux sont d'un blanc pur et ont les yeux rouges. Même leur bec et leurs griffes sont couleur chair pâle à blanchâtres.

Remarque : en matière d'élevage, toutes les couleurs peuvent être combinées les unes aux autres. On a ainsi vu apparaître des oiseaux de teinte crème ou isabelle et des oiseaux blancs, qui sont en réalité jaune pâle. On rencontre également des spécimens jaunes à yeux noirs, des pie cannelle, des faces blanches cannelle et bien d'autres encore.

L'élevage des perruches callopsittes a entraîné l'apparition d'oiseaux aux coloris très variés.

Un couple de perruches callopsittes dont le plumage a les couleurs d'origine. Toutes aiment les bâtonnets de graines.

Mâle au plumage classique. On distingue bien le masque jaune.

Une jolie femelle pie.

Photo de gauche : une femelle pie à face blanche.

Photo du milieu : une femelle cannelle.

Le plumage des perruches albinos ne comporte pas de pigments. Celles-ci sont blanches et ont les yeux rouges.

Photo en haut à droite : lutinos jaune.

Un couple d'oiseaux au plumage naturel : à gauche la femelle, à droite le mâle.

Cette perruche pie apprécie les épis de maïs.

Une femelle perlée à face blanche.

Une perruche pie perlée dont le plumage comporte beaucoup de blanc.

Photo de droite : une perruche à face blanche au plumage perlé.

Un oiseau au plumage joliment perlé sur fond gris.

Une femelle à face blanche au plumage gris d'origine.

Ces deux femelles perlées grises s'entendent fort bien.

Une perruche callopsitte pie.

Cette perruche pie aime les corn flakes. Pour des raisons de santé, elle ne doit cependant pas en abuser.

Bien soigner votre perruche

La bonne santé d'une perruche transparaît dans son aspect et son comportement : plumage brillant, yeux luisants, curiosité sans limites et désir permanent d'être partout, pour ne rien manquer.

Tout ce dont les perruches callopsittes ont besoin

Avant que vous n'alliez chercher votre perruche callopsitte dans une animalerie ou chez un éleveur, votre appartement devra déjà être prêt à la recevoir.

Une cage idéale

Pour un oiseau, aucune cage n'est assez grande. Pensez-y lorsque vous en achèterez une. Les perruches callopsittes sont en particulier douées pour le vol. Cependant, même une grande cage ne devrait pas être l'unique lieu où séjournent ces oiseaux (→ Premier vol hors de la cage, page 102). La cage devrait être de forme rectangulaire. Les cages rondes ne sont pas appropriées. Les oiseaux volent rarement à la façon des hélicoptères, verticalement, vers le haut, mais presque toujours horizontalement. La longueur de la cage est donc beaucoup plus importante que sa hauteur. En outre, les barreaux des cages rondes sont verticaux et n'offrent pas à l'oiseau la possibilité de grimper.

La cage destinée à une ou deux perruches callopsittes devrait au minimum atteindre les dimensions suivantes : 80 cm x 60 cm x 80 cm.

Remarque : pour vous donner une indication approximative de la taille que devrait avoir la cage, voyez si l'oiseau peut sans difficulté étendre ses deux ailes. En outre, il doit pouvoir s'y tenir dressé.

Les barreaux doivent être horizontaux et écartés de 1,5 à 2 cm. Les perruches callopsittes aiment grimper et se tiennent fermement au grillage grâce à leur bec. Avec un écartement approprié des barreaux, l'oiseau ne peut coincer son bec ou ses pattes. Le grillage doit être chromé ou galvanisé. Les oiseaux grignotent les revêtements plastiques et en avalent de petits morceaux, ce qui peut provoquer des troubles digestifs. Le fond de la cage devrait être en plastique dur incassable. Un

CONSEIL

La cage devrait occuper une place déterminée dans l'appartement. Réfléchissez au fait que les perruches callopsittes n'aiment pas l'agitation, mais qu'elles n'aiment pas non plus être seules dans une pièce peu occupée. L'idéal est de les placer près d'une fenêtre, pour qu'elles puissent aussi observer l'extérieur. Veillez à ce que les animaux ne soient jamais exposés directement au soleil. La pièce où ils se trouvent devrait toujours être bien aérée, mais la cage ne devrait jamais être exposée aux courants d'air (→ page 50).

De temps en temps, la perruche callopsitte peut consommer quelques corn flakes.

Les volières

Une cage-volière spacieuse ou une volière extérieure équipée d'un abri et installée dans le jardin conviennent surtout lorsque vous possédez plusieurs animaux ou que vous souhaitez mettre en présence différentes espèces. Les perruches callopsittes s'y sentiront particulièrement bien et pourront y développer un mode de vie naturel. Il faut cependant savoir que les oiseaux de volières ne s'apprivoiseront pas aussi aisément que ceux des cages.

Les perruches callopsittes volent avec habileté. Il est nécessaire de les laisser voler librement dans l'appartement.

tiroir coulissant facilite le changement de litière (→ page 68). Vérifiez si ce tiroir fonctionne bien et ne se coince pas.
Deux portes d'assez grande taille constituent un avantage, pour s'occuper quotidiennement de la cage et, également, plus tard, prendre l'oiseau apprivoisé dans la main pour le sortir.
Les perchoirs ne doivent pas être placés trop près des extrémités de la cage, afin que les rectrices de l'oiseau ne heurtent pas constamment le grillage. En effet, cela abîmerait son plumage (→ page 44).

C'est en animalerie que l'on se procurera le plus facilement une cage-volière. Les critères de choix sont les mêmes que pour une cage. Les volières placées sur support roulant sont pratiques : on les déplace facilement. Ceci constitue un avantage lorsqu'on nettoie l'appartement. La volière peut même être installée sur le balcon, afin d'offrir un bain de soleil ou un bol d'air aux animaux en été (→ Conseil, page 42).
Remarque : souvent, les cages-volières, en raison de leurs dimensions, ne sont pas dispo-

nibles en stock et elles doivent alors être commandées. Pensez-y. Avec un peu d'habileté, on peut construire soi-même une volière d'extérieur : certains ouvrages expliquent comment procéder. Les fabricants spécialisés peuvent également la livrer (→ photo page 49).

Les perchoirs

Outre la taille de la cage et son emplacement, son équipement a également une importance. Les perchoirs sont souvent déjà présents dans la cage.

En général, ils sont en plastique et dotés de grosses cannelures. Ce type de perchoir provoque des blessures sur le dessous des pattes de l'oiseau. Il en est de même avec le papier de verre pour perchoirs vendu dans le commerce. Il devrait user les griffes, mais, en réalité, blesse les pattes.

■ Les plus appropriés sont les perchoirs en bois poli, fixés sur les barreaux à l'aide de simples fentes aux extrémités ou, mieux encore, les branches naturelles, que l'on fixe de la même façon.

■ Les branches naturelles offrent l'avantage, par leur surface irrégulière, de «masser» en quelque sorte les pattes des perruches. En outre, les oiseaux grignotent l'écorce, ce qui leur apporte des minéraux, les occupe et entretient leur bec.

■ La majorité des perchoirs doivent être suffisamment épais pour que les oiseaux ne les entourent pas complètement avec

Mangeoire recommandée.

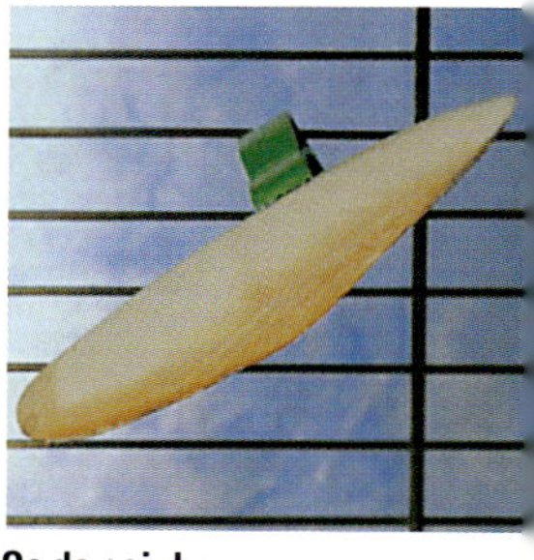

Os de seiche.

Ci-dessus : baignoire.
A gauche : boîte de transport transparente en plastique.

oici une cage spacieuse pour es perruches callopsittes. Elle offre suffisamment de place pour deux oiseaux.

leurs pattes. Ainsi, les griffes frottent sur la barre et s'usent. Il doit aussi y avoir une branche plus fine, pour exercer les doigts à saisir.

■ Le nombre de perchoirs a également une importance pour le bien-être de l'oiseau. Trop de perchoirs entravent la liberté de mouvement de celui-ci. L'idéal consiste à en placer un en haut, un second un peu plus bas et un troisième à nouveau en haut. Les oiseaux n'utilisent pas volontiers les perchoirs trop bas. Ils se tiennent de préférence en hauteur, d'où ils peuvent mieux observer ce qui se passe (→ illustration page 57).

Remarque : les rameaux non traités par insecticide des arbres fruitiers, des bouleaux, des saules, des peupliers, des noyers et des arbustes à fruits font de bons perchoirs en bois naturel. Il faut les brosser et les laisser sécher avant de les utiliser. Les bois de conifères ne sont certes pas toxiques, mais produisent souvent beaucoup de résine. Ils peuvent donc coller le plumage , ou, pire, l'oiseau peut absorber de la résine dans le jabot quand il grignote les branches. Ce qui, dans les cas graves, provoquera la mort. N'utilisez jamais le bois des

Les cynorhodons enrichissent le menu. Mais la perruche ne se contente pas des fruits, elle apprécie aussi les feuilles.

végétaux traités par insecticide ou ceux qui poussent au bord des routes. Ils présentent souvent de fortes teneurs en substances polluantes.

Mangeoires et abreuvoirs

La cage doit contenir au moins trois récipients : un pour l'eau, un pour les aliments secs et un pour les fruits ou les graines germées (→ page 60). Les récipients en métal, en plastique dur ou en argile, que l'on accroche au grillage, sont faciles à nettoyer. Il est important qu'ils aient une taille adaptée à l'oiseau (→ photo page 44).

'rudence avec les verres leins. L'oiseau peut glisser du ord, plonger la tête a première et se noyer.

Placez les récipients assez haut au-dessus des perchoirs pour que les oiseaux atteignent facilement les aliments et l'eau, sans que ceux-ci soient souillés par leurs excréments.

Je déconseille les distributeurs automatiques de nourriture, car ils se bouchent très facilement.

Les abreuvoirs automatiques posent aussi des problèmes. Souvent, l'eau y reste trop longtemps. Il vaut mieux donner aux oiseaux de l'eau fraîche chaque jour.

Sable et pierre pour affûter le bec

Le sable pour oiseaux est idéal pour couvrir le fond de la cage. Il permet non seulement de maintenir celle-ci propre, mais favorise en outre la digestion de la perruche callopsitte. En effet, le sable pour oiseaux contient du gravier fin. Les oiseaux utilisent le gravier pour écraser les graines dans leur gésier. En effet, ils n'ont pas de dents.

Remarque : il vaut mieux éviter de couvrir le fond de la cage de papier. Si l'oiseau en absorbe de petits morceaux, cela peut entraîner des troubles digestifs.

Une pierre pour affûter le bec ou un os de seiche compléteront l'équipement de la cage.

Jouets et autres équipements

Veillez à ce que vos perruches callopsittes aient, dans leur cage, suffisamment de diversité

Les perchoirs en bois naturel permettent aux perruches callopsittes d'exercer leurs pattes.

et d'occupations. Vous trouverez de bons jouets pour perruches callopsittes dans les animaleries. Vérifiez si les objets sont faits de matériaux incassables, comme du métal ou du bois dur. Ce dernier résiste un certain temps au bec de l'oiseau et préserve également la santé des animaux. De petits morceaux de branches fraîches constituent presque toujours leur jouet favorit. Lès perruches callopsittes peuvent passer des heures à les déchiqueter. Cependant, pour un oiseau seul, même les cages les mieux équipées et la diversité des activités proposées ne peuvent remplacer l'attention et les soins du maître. De plus, les perruches callopsittes, douées pour le vol, ont besoin de voler librement chaque jour (→ page 102).
De la page 104 à la page 109, vous trouverez beaucoup d'autres occupations à proposer à vos oiseaux.
Remarque : les jouets en sisal peuvent s'enrouler autour des

ne volière de ce type ne sert as qu'à embellir le jardin. Elle onstitue aussi pour les iseaux un merveilleux abri.

pattes et les serrer. Si les oiseaux en mangent des parties, ils peuvent provoquer une inflammation du jabot.

Certaines perruches callopsittes aiment les baignoires. Cependant, beaucoup d'entre elles ne les utilisent pas. Elles préfèrent nettement être douchées quotidiennement, par exemple avec un pulvérisateur pour plantes rempli d'eau chaude permettant une aspersion fine . Elles s'accrochent alors aux barreaux et profitent du plaisir d'être arrosées.

Les perruches callopsittes n'ont besoin d'un nichoir que si l'on souhaite développer un élevage à partir d'un couple d'oiseaux (→ L'élevage des perruches callopsittes page 80).

Vivre avec des perruches callopsittes

Les perruches callopsitte sont des oiseaux sociable aimant vivre aux côtés de leur congénères, mais également d leur maître. C'est pourquc vous devez bien réfléchir l'emplacement idéal de la cag chez vous.

Conseils relatifs à l'emplacement de la cage

1 La cage doit, dès le début se trouver dans un empla cement fixe. Un changemen constant d'environnement notamment au cours des pre miers jours passés chez vou inquiète les oiseaux.

2 Installez la cage dans un pièce souvent utilisée pa la famille ou la personne qu s'occupe des oiseaux. Sinon les oiseaux s'isolent rapide ment et n'établissent pas d contacts avec l'être humain L'isolement est aussi la caus de maladies comme le picag (→ page 117).

3 Choisissez un emplace ment près de la fenêtre. C qu'ils apercevront à l'extérieu

Les bâtonnets à grignoter sont à la fois des friandises et une occupation pour les oiseaux.

CONSEIL

La cage ne devrait pas être placée directement à côté d'une chaîne stéréo dont le son est poussé à fond ou d'un téléviseur. Beaucoup de perruches callopsittes aiment néanmoins la musique douce ou les sons provenant du téléviseur. Elles y réagissent parfois en sifflant.

.e miroir donne à l'oiseau 'illusion de voir un congénère.

distraira vos oiseaux. En outre, vos perruches callopsittes jouiront aussi de l'alternance naturelle du jour et de la nuit. Enfin, la proximité de la fenêtre leur permettra de prendre un bain de soleil. Mais il est important de veiller à ce que les oiseaux disposent également d'un coin ombragé.

4 La cage ou la volière doivent se trouver au moins à hauteur des yeux. De cette manière, les oiseaux peuvent bien observer leur environnement et rester en contact permanent avec vous et ce qui les entoure. Posez la cage contre un mur, si possible. Les oiseaux auront ainsi un sentiment de sécurité accru et seront protégés des courants d'air.

Remarque : si la cage est placée trop bas, les oiseaux ne se sentent pas en sécurité. Les perruches callopsittes s'enfuient en cas de danger, elles éprouvent une crainte innée pour leurs ennemis naturels, les oiseaux de proie. Si vous vous livrez à une occupation au-dessus d'une cage placée très bas, elles auront l'impression d'être attaquées par le haut. Mais ne placez pas non plus la cage trop haut. Vos perruches deviendraient alors relativement craintives, car elles ne pourraient pas participer aux activités quotidiennes.

5 Le lieu où se trouve la cage doit être clair. La pièce devrait être à une température proche de 20°C. Evitez la proximité immédiate d'un radiateur. La chaleur qu'il dégage dessèche trop rapidement les muqueuses des oiseaux, ce qui peut entraîner des maladies.

6 Il faut éviter les bruits inutiles, cependant, il ne faut pas qu'un silence absolu règne dans la pièce. Les bruits font partie d'un environnement sain (→ conseil page 50).

7 Il ne faut pas fumer dans la pièce où se trouve la cage. Les poumons des oiseaux sont trop petits et trop fragiles pour supporter les substances nocives.

Créer un environnement protégé pour l'oiseau

Avant de permettre à votre perruche callopsitte d'effectuer

son premier vol dans la pièce, aménagez-la de façon à ce qu'elle ne présente pas de risque. Beaucoup d'animaux se sont déjà pris dans des rideaux et étranglés. Si les rideaux sont écartés devant une fenêtre, l'oiseau risque de se heurter contre la vitre et de se briser le cou. De même, les armoires qui ne sont pas placées assez près du mur ont coûté la vie à de nombreux oiseaux. Si une perruche callopsitte glisse dans l'espace compris entre l'armoire et le mur, elle ne réussit généralement pas à s'en sortir sans se blesser. En outre, des noyades dans les vases ou les WC se sont déjà produites. Comme la curiosité des perruches callopsittes ne connaît pas de limites, elles n'hésitent pas non plus à grignoter les câbles électriques, ce qui peut avoir une issue mortelle. Vous trouverez un tableau des autres risques et de leur prévention à la page 54.

Remarque : ne laissez jamais voler votre perruche callopsitte sans surveillance dans la pièce plus de 5 à 10 minutes. Même si vous pensez avoir éliminé tous les dangers potentiels pour l'oiseau, il y en a peut-être un auquel vous n'avez pas songé.

Le plus grand risque : l'envol

Les perruches callopsittes ont un vol très rapide. Une fenêtre ouverte ou entrouverte lorsqu'elles volent hors de la cage sera aussitôt utilisée pour s'échapper de la pièce. La perruche callopsitte d'une de mes connaissances en a profité pour prendre la clé des champs.

L'épaule de son compagnon est la place préférée de cette perruche callopsitte.

La perruche callopsitte peut-elle dormir dans ta chambre ?

Il vaut mieux que la cage des oiseaux ne soit pas placée dans ta chambre. Les oiseaux se réveillent très tôt le matin. Leur gazouillis t'éveillera, même le dimanche, alors que tu pourrais dormir plus longtemps. De plus, tu es souvent absent de ta chambre une bonne partie de la journée. Les oiseaux se retrouveraient donc seuls. Et les perruches ont justement besoin d'avoir des contacts avec leurs maîtres. Ce n'est qu'ainsi qu'elles se sentent bien et deviennent confiantes. C'est dans une pièce où elles peuvent dormir tranquillement la nuit et où il se passe toujours quelque chose pendant la journée que tes perruches se sentiront le mieux. En effet, les perruches callopsittes sont très curieuses de nature. Elles se réjouissent de tout ce qui est nouveau et intéressant pour elles.

Lorsque cette personne voulut sortir de la pièce où se trouvait l'oiseau au premier étage de sa maison, celui-ci sortit derrière elle à la vitesse de l'éclair, porté par le courant d'air provoqué par la porte ouverte au rez-de-chaussée. A l'extérieur, les oiseaux s'élèvent très rapidement à de grandes hauteurs, afin, par exemple, de se diriger vers les arbres des alentours. S'il n'y a pas d'arbres à proximité, l'oiseau part à la recherche d'un environnement connu et parcourt ainsi de longues distances. Il est en général peu probable, dans ce cas, de le retrouver.

En été, une perruche callopsitte a de très bonnes chances de survie, à condition de ne pas être victime d'un oiseau de proie ou d'un chat, de ne pas être renversée par une voiture ou de ne pas rencontrer de lignes à haute tension.

L'oiseau se nourrit de graines trouvées dans l'herbe, ou de fruits et de baies picorés sur les arbres et les arbustes.

En hiver, une perruche callopsitte ne peut survivre qu'un certain temps sous nos latitudes, si elle s'associe aux oiseaux sauvages et cherche les mangeoires installées par les hommes.

Les animaux ont une chance s'ils recherchent la compagnie des humains, parce qu'ils sont particulièrement bien apprivoisés ou qu'ils ont très faim. Dans ce cas, il faut attraper la perruche (→ conseil page 55). Sa bague permet d'en retrouver le propriétaire (→ page 26).

Identifier et éliminer les sources de risque

Sources de risques	Danger encouru par la perruche	Comment les prévenir ?
Portes ouvertes	La perruche callopsitte les utilise comme poste d'observation. Ses pattes peuvent être coincées.	Toujours garder l'oiseau à l'œil. Ne pas fermer brusquement les portes.
Vêtements éparpillés sur le sol	La perruche callopsitte se blottit dans les vêtements et s'y emprisonne.	Habituez-vous à vous déplacer doucement. Ne laissez rien traîner.
Récipients remplis d'eau	L'oiseau glisse ou tombe dans le récipient plein : il peut se noyer.	Couvrir les récipients pleins d'eau.
Armoires et tiroirs ouverts	L'oiseau s'y enferme par mégarde.	Toujours garder les meubles fermés et les inspecter fréquemment.
Substances toxiques telles qu'alcool, crayons, feutres, mines de stylos à bille, épices, sel, colle, peinture, solvants, engrais, plastique, produits ménagers, mercure.	Empoisonnement.	Placer toutes ces substances hors de portée de la perruche callopsitte. Ne pas lui donner d'alcool pour s'amuser.
Plaques chauffantes, fers à repasser, feu, bougies.	Brûlures.	Laisser l'oiseau dans sa cage.
Soleil intense, voiture surchauffée.	Insolation, collapsus.	Prévoir un abri ombragé, aérer.
Appareils électriques.	Brûlures, électrocution si l'oiseau grignote les câbles.	Les placer hors de portée, protéger les câbles électriques.
Tue-mouches	L'oiseau peut s'y coller les plumes ou le bec.	Ne pas placer de tue-mouches à proximité des oiseaux.
Objets pointus, cactus	Blessures, perte de sang.	Ne pas mettre de cactées dans la pièce de l'oiseau. Ne pas laisser traîner d'objets pointus.

CONSEIL

Il est possible de capturer une perruche callopsitte qui s'est posée, par exemple, sur un arbre dans le jardin. Aspergez son plumage d'un fort jet d'eau, afin qu'elle ne puisse plus s'envoler. Il vous faut agir très vite. On peut aussi déposer la cage ouverte dehors en espérant que l'oiseau y retournera. Mieux encore, une congénère se trouve dans la cage et appelle.

Remarque : pour éviter que l'oiseau ne s'envole, vous devriez installer une moustiquaire à la fenêtre de la pièce où il se trouve. Vous pourrez ainsi ouvrir la fenêtre pour aérer, même lorsque l'oiseau est hors de la cage.
Il faut aussi que vous preniez l'habitude de fermer les portes.

Attention à vos plantes d'intérieur !

La perruche callopsitte grignote volontiers des plantes, comme tous les oiseaux au bec crochu, mais son instinct ne lui permet pas de distinguer de façon innée les plantes non toxiques des plantes toxiques, c'est à l'homme de prévenir les risques.
Plantes toxiques : *Primula obconica*, *Strychnos nux-vomica*, *Dieffenbachia*, épine du Christ *(Euphorbia milii)*, *Catharanthus*, if, jacinthe, pervenche, solanacée, étoile de Noël *(Euphorbia pulcherrima)*, palmier de Madagascar *(Chrysalidocarpus lutescens)*, narcisse, laurier rose *(Nerium oleander)*, ardisia, *Codiaeum variegatum*, rose du désert, *Asparagus densiflorus*.
Plantes dangereuses : lierre, *Monstera*, *Anthurium scherzerianum*, *Alamanda cathartica*, résineux, *Aglaonema*, *Philodendron* et *Schefflera*.
Les cactées peuvent occasionner de graves blessures aux oiseaux (→ page 54). Chez les oisillons inexpérimentés et maladroits en particulier, les accidents ne sont pas rares.
Plantes non toxiques : arbres fruitiers, noyers, bouleaux, saules, herbe à chat, pissenlit et mouron des oiseaux.

L'oiseau se juche volontiers sur une porte ouverte. Attention en fermant celle-ci. Ses pattes peuvent se retrouver coincées.

Remarque : mieux vaut renoncer complètement aux plantes d'intérieur dans la pièce aux oiseaux. Informez-vous bien lorsque vous achetez une plante, pour savoir si elle contient des substances toxiques.

L'arbre à oiseaux

Si vous laissez la perruche callopsitte voler librement dans la maison, il est possible qu'elle grignote les fauteuils et le papier peint pour passer le temps. Contre cela, un seul remède : lui offrir des distractions plus intéressantes, par exemple un arbre à oiseaux ou un perchoir suspendu.
Vous trouverez différents types d'arbres et de balançoires dans les magasins spécialisés. Si vous êtes un peu bricoleur, vous pouvez en construire un vous-même.

Le matériel :

- Un bac à fleur en bois, en cuivre, en terre cuite ou en plastique. L'arbre pourra aisément être déplacé si vous utilisez un bac monté sur roulettes.
- Un petit tronc d'arbre ou une grosse branche portant des ramifications de tailles différentes afin que la perruche puisse s'habituer à grimper partout, exerçant ainsi les muscles

Ce type d'arbres est facile à construire. Vous pouvez l'agrémenter de jouets, de branches feuillues et de friandises.

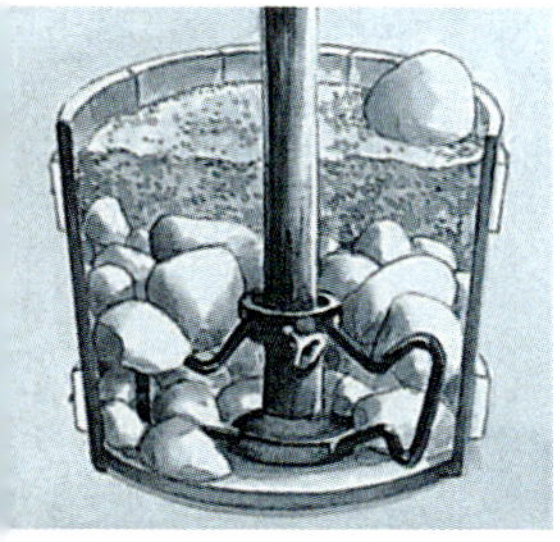

L'arbre doit être parfaitement stable.

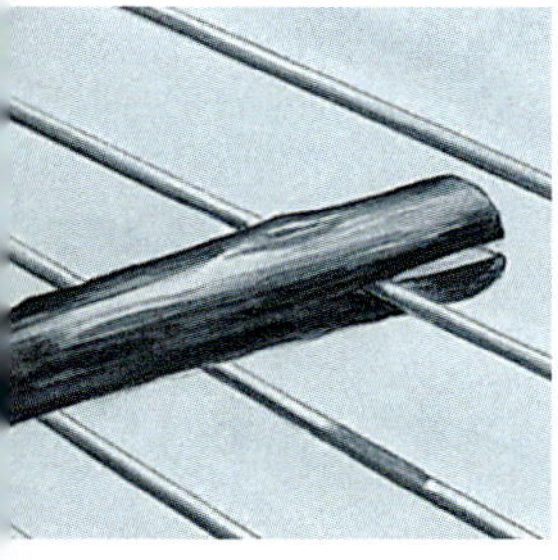

Pratiquez une entaille dans les perchoirs (en bois naturel) pour les fixer aux barreaux.

Videz tous les jours les téguments des graines en soufflant sur la mangeoire.

de ses pattes. Elle pourra également aiguiser son bec et ses griffes sur l'écorce de l'arbre. Tous les arbres fruitiers (non traités) conviennent parfaitement, de même que les branches de chêne, de sureau, de bouleau, de noyer, de tilleul, de saule, de peuplier et de châtaignier (→ page 44). Lavez les branches coupées à l'eau et au savon de Marseille et faites-les sécher.

■ Un arbre servant de perchoir doit impérativement être stable. Fixez-le sur un support pour sapin de Noël, tapissez le fond du bac de pierres et ajoutez une couche de sable, de terre ou de terreau de rempotage, puis une couche de sable pour oiseaux.

■ Du raphia non teinté et du fil de fer de couleur verte pour fixer les éléments de décoration et les branches supplémentaires.

<u>L'assemblage :</u>

■ Fixez le tronc ou la branche sur un support pour sapin de Noël en serrant bien les vis. Posez ensuite l'arbre dans le bac et tapissez le fond de pierres pour le lester.

■ Remplissez le bac de terre, de terreau ou de sable jusqu'à 5 cm du bord. Complétez par une couche de sable pour oiseaux.

■ Coupez les ramifications de telle façon qu'elles ne dépassent pas les bords du bac, afin que les excréments de la perruche ne tombent pas à l'extérieur de celui-ci.

■ Ajoutez les décorations. Fixez les branches supplémentaires avec du fil de fer de couleur verte, puis recouvrez-le de raphia afin que la perruche ne se blesse pas. Prévoyez suffisamment de branches pour qu'elle puisse grimper un peu partout. Agrémentez l'arbre de jouets : balançoire, échelle, anneaux de bois, corde, clochettes, etc. Vous pouvez également ajouter des petits bouquets d'herbes (persil ou basilic, par exemple) à l'aide d'une pince à linge en bois et clouer des morceaux de pomme ou de poire à l'arbre. La perruche callopsitte est particulièrement friande de feuilles de jeunes branches d'arbre.

<u>L'entretien :</u>

Changez régulièrement la couche de sable. Lavez les branches souillées à l'eau et au savon.

Remarque : placez l'arbre ou le perchoir suspendu à une distance suffisamment éloignée de la cage pour que la perruche soit obligée de voler.

Une alimentation variée

Dans la nature, les perruches callopsittes parcourent de grandes distances à la recherche de nourriture ; mais ce qu'elles trouvent n'est pas toujours mûr. C'est pourquoi, en Australie, les oisillons sont en général nourris par leurs parents de graines à demi-mûres, provenant le plus souvent de graminées. Le reste du temps, les oiseaux se nourrissent plutôt de graines mûres de graminées, d'écorce, de fruits, parfois aussi de petits insectes, mais également de plantes cultivées comme le blé, l'avoine et l'orge.

Les mélanges d'aliments préparés

Les habitudes alimentaires des perruches callopsittes dans la nature sont assez bien connues. C'est pourquoi le secteur des aliments pour animaux est en mesure de proposer des mélanges de graines tout préparés pour perruches callopsittes.
On les trouve en animalerie sous l'appellation «aliments pour grandes perruches» ou «aliments pour perruches callopsittes».
Les aliments préparés conviennent parfaitement comme aliment de base. Faites cependant bien attention à la composition des aliments, qui doit figurer sur le paquet.
Il est important que le mélange n'ait pas une trop forte teneur en graisses. Il en résulterait un engraissement de tout l'organisme de l'oiseau, ce qui entraînerait des maladies graves.
Le mélange devrait absolument contenir différentes petites graines, à savoir des variétés de millets, comme le millet blanc, le millet plata, le millet du Japon, le millet jaune, le millet Mana, et le millet du Sénégal. Il doit aussi contenir un certain pourcentage d'alpiste des canaris.
On doit également y trouver de l'avoine, du blé, du chanvre, des graines de chardon et des graines de tournesol décortiquées. La proportion de tournesol ne doit pas être trop élevée, car il est très riche en graisses.
Remarque : depuis peu, on trouve sur le marché des granulés pour les perruches. Leur composition convient parfaitement à l'organisme de l'oiseau. Cependant, comme ils exigent peu d'efforts de sa part pour être ingérés, celui-ci se lasse rapidement, et finit ensuite souvent par refuser les granulés. En outre, l'oiseau, ayant moins d'occupation, s'ennuie davantage.
Je ne recommande ces granulés que lorsque l'oiseau est malade, car ils apportent rapidement de l'énergie.

Jeunes oiseaux près de leur mangeoire. En compagnie, tout paraît encore meilleur.

La qualité des aliments

Le degré de fraîcheur des graines constitue un aspect important d'une alimentation saine. En effet, plus une graine est vieille, plus sa valeur nutritive diminue. La plupart des graines sont cultivées à l'étranger, où l'on procède aussi à leur mélange. Il se passe donc un certain temps avant qu'elles ne parviennent dans nos magasins. De plus, la politique d'achat du fabricant de ces aliments est déterminante. Beaucoup de sociétés achètent, par exemple, d'énormes quantités de graines, pour obtenir des prix avantageux. Par conséquent, les graines sont stockées très longtemps avant d'être vendues.

Leur capacité à germer est le signe que les graines n'ont pas été stockées trop longtemps. Procédez donc à un essai de germination sur un échantillon (→ tableau page 61).
Remarque : la limite de consommation des graines par les oiseaux est d'environ deux ans.

La nourriture avariée

Les graines contenant des lipides, comme le chanvre et le tournesol, peuvent facilement devenir rances, ce qui présente un danger pour la santé des perruches callopsittes. Evitez également la nourriture conditionnée sous plastique. En raison de la condensation, elle peut pourrir rapidement et être infestée par des champignons.
Voici quelques critères permettant d'identifier une nourriture avariée :
Moisissures : elles forment des dépôts blanchâtres ou gris et ont une odeur âcre.
Pourriture : odeur pénétrante et désagréable, contrairement aux graines saines, presque inodores.
Vermine (charançons) : celle-ci est sans danger pour les oiseaux. Cependant, les aliments trop infestés ne devraient pas être consommés. Les graines infestées sont agglomérées par des fils semblables à ceux d'une toile d'araignée.

La quantité de nourriture à distribuer

On ne peut donner d'indication précise quant à la quantité exacte de nourriture à distribuer. Tous les oiseaux, et notamment les plus petites espèces, ont un métabo-

CONSEIL

Vous devriez toujours entreposer les graines pour vos perruches callopsittes à l'air et au sec. Par exemple, un sachet en toile conviendra bien. En revanche, les verres hermétiques, les sacs en plastique fermés ou les boîtes en plastique ne sont pas appropriés. Si vous n'êtes pas certain que les aliments sont encore bons, ne les donnez pas aux oiseaux, pour ne pas les mettre en danger.

Un peu de verdure du jardin enrichira le menu de votre perruche callopsitte.

Une cure vitaminée pour vos perruches callopsittes

Les graines gonflées et germées sont très saines pour la perruche ondulée. En outre, la capacité de germination des graines vous permet de vérifier si le mélange acheté contient suffisamment de substances nutritives (→ page 60).

Comment procéder ?

1 La ration quotidienne par oiseau se compose d'1 à 2 cuillères à café de graines que vous placez dans un récipient rempli d'eau. On peut utiliser les aliments du commerce, en retirant les noix. Pour enrichir ces graines germées, mélangez du maïs, des fèves, des pois et de l'avoine.

2 Laissez les graines s'amollir et gonfler pendant 24 heures. Placez ensuite les graines dans une passoire et rincez-les bien à l'eau courante.

3 Laissez ensuite bien égoutter les graines et offrez-les aux perruches callopsittes mélangées à des fruits, des aliments à base d'œufs (du commerce) et éventuellement à de la pâtée.

4 Pour obtenir des graines germées, laissez s'amollir à nouveau les graines (sans les aliments protéines, etc.), rincez-les de nouveau au bout de 12 heures et laissez-les égoutter. Conservez ensuite les graines dans la passoire et placez celle-ci au-dessus d'un récipient. Recouvrez avec une assiette pour éviter que les graines ne sèchent.

5 Placez les graines à température ambiante 24 à 48 heures supplémentaires. La lumière du jour a également une importance. Une fois que les germes sont sortis, rincez les graines, mélangez-les à des fruits et autres ingrédients et donnez-les aux oiseaux.

Remarque : si l'on souhaite donner tous les jours des graines germées aux oiseaux, il est conseillé d'employer plusieurs passoires et augets. Nettoyez toujours la vaisselle servant à la germination, afin de prévenir l'apparition des bactéries. Les oiseaux qui couvent devraient recevoir une ration quotidienne d'aliments germés pendant la couvaison et l'élevage des jeunes, y compris les jeunes oiseaux qui viennent de s'émanciper.

lisme très actif. Ils n'accumulent que peu de réserves. Il est donc important que l'oiseau ingère fréquemment de petites quantités de nourriture (→ pages 72/73).
En gros, il faut donner 1 à 2 cuillères à soupe par oiseau et par jour.
En remplissant la mangeoire, vous devriez éliminer les téguments des graines, décortiquées par les oiseaux, qui restent au-dessus des autres graines en soufflant légèrement dessus (→ illustration page 57).
Les graines sèches qui constituent l'alimentation de base ne contiennent ni beaucoup d'eau, ni beaucoup de vitamines. Il faut donc en faire l'apport aux oiseaux par d'autres moyens (→ page 64 et suivantes).
Remarque : calculez la ration quotidienne d'une manière large. Ainsi, s'il vous arrive de ne pas pouvoir les nourrir à temps, vos oiseaux ne seront pas trop affamés.

Fruits, légumes, herbes

Dans la nature, les perruches callopsittes ne dédaignent pas les fruits et les légumes, si elles peuvent s'en procurer. Les oiseaux domestiques devraient aussi en consommer, à condition que ces fruits et ces

légumes contiennent beaucoup de vitamines et d'oligo-éléments. J'offre à mes oiseaux tout ce qui est disponible suivant les saisons.

Vous pouvez par exemple donner les fruits et légumes suivants : radis, carottes, pommes, concombres, kiwis, fraises, cerises, prunes, poivrons, betterave rouge, aubergines, céleri, pois, mandarines, raisin, pêches, ananas, framboises, mûres, melon, figues ou mangues.

Cependant, ne donnez des agrumes qu'avec parcimonie. La prudence est également recommandée avec la laitue. En raison de sa forte teneur en eau, elle accumule de nombreuses substances nocives, comme des pesticides, ce qui peut être nuisible pour la santé des perruches callopsittes. Elles peuvent, en revanche, consommer sans problème un peu de salade du jardin.

Remarque : ne donnez jamais de chou ou de pomme de terre crue.

On voit si une perruche callopsitte reçoit une alimentation saine et variée à son plumage brillant.

Des plantes herbacées du jardin ou sauvages enrichissent le menu de votre oiseau. C'est le cas des plantes suivantes : basilic, persil, cerfeuil, pâturin *(Poa)*, digitaire sanguine *(Digitaria sanguinalis)*, vesce des haies *(Vicia sepium)*, pâquerette, pissenlit, oseille, capselle bourse-à-pasteur et cresson.

Remarque : il est important que vous soyez sûr d'avoir cueilli la bonne plante. Informez-vous grâce à un guide.

Les lieux où vous récoltez des plantes sauvages ne doivent pas avoir été traités par les pesticides et ne devraient pas non plus se trouver à proximité d'une route trop fréquentée. Les substances toxiques des gaz d'échappement des voitures sont également extrêmement nocives pour votre oiseau.

es fruits frais comme cette omme contiennent beau-oup de vitamines.

Offrir des fruits, légumes et plantes de qualité

- Toujours laver et sécher soigneusement les plantes, légumes et fruits.
- Si vous n'êtes pas certain que les fruits et légumes ne sont pas traités, épluchez-les. N'en donnez pas trop d'un seul type, pour éviter un apport trop important de certaines substances éventuellement nocives. En principe, il faut varier autant que possible l'alimentation.
- Les fruits, légumes et plantes que l'on donne à l'oiseau doivent être à température ambiante. Des aliments trop froids peuvent par exemple provoquer la diarrhée.
- Les morceaux de fruits et de légumes ne doivent pas être trop grands. L'oiseau doit pouvoir les déplacer et les soulever. Cependant, les trop petits morceaux perdent rapidement leur fermeté, deviennent alors mous et n'ont plus d'attrait pour les perruches.
- Les fruits et légumes peuvent être placés dans un récipient à part ou mélangés à des graines que vous avez fait gonfler ou germer (→ page 61). Cependant, les graines devraient toujours être placées dans un récipient séparé, au cas

où les aliments germés fermenteraient.

■ Si votre perruche callopsitte n'aime pas un fruit ou un légume particulier, proposez-le lui cependant de temps à autre. Souvent, l'oiseau finit par y goûter.

■ Vous pouvez lier des plantes ensemble et les attacher, par exemple, au grillage de la cage, à l'aide d'une pince à linge en bois ou les ajouter à des fruits dans les aliments germés. Beaucoup de perruches callopsittes utilisent également les herbes ou les feuilles placées sur le fond de leur cage pour prendre un «bain de rosée» (→ page 68).

Des friandises pour enrichir le menu

Le millet en grappes constitue pour les perruches une délicieuse friandise , aisément digestible. Le millet en grappes est un complément important, en particulier pour les couples qui couvent ou élèvent les jeunes, pour les jeunes oiseaux et les oiseaux malades.

Mais il est également souhaitable de ne pas trop en donner. Un oiseau en bonne santé a besoin au maximum d'un morceau de 5 cm par jour.

Les bâtonnets et les cloches sont composés de graines agglomérées grâce à du miel. Elles offrent certes un peu d'occupation aux perruches callopsittes, mais sont également extrêmement riches en calories. Des branches fraîches à décortiquer remplissent le même rôle.

Une boisson appropriée

L'eau du robinet est la meilleure boisson pour votre perruche callopsitte.

Ne donnez de l'eau minérale plate et pauvre en sodium à votre oiseau que s'il a des problèmes rénaux. L'eau du robinet, en particulier si elle est très calcaire, serait alors indigeste. Une perruche callopsitte peut également boire de la tisane de camomille ou aux fruits, sans sucre. Ces boissons sont notamment recommandées si l'oiseau est malade.

Les vitamines

Comme vous ne savez pas combien vos oiseaux absorbent de vitamines grâce aux fruits et aux légumes, vous devriez ajouter, une à deux fois par semaine, des vitamines à leur eau. La meilleure solution consiste à

Un bâtonnet entier à grignoter représente une quantité trop importante pour un oiseau.

Comment faire plaisir à ta perruche callopsitte ?

Si tu souhaites que ta perruche callopsitte reste en bonne santé, il faut que tu la nourrisses d'aliments variés. Les aliments préparés ne suffisent pas. Elle a aussi besoin de verdure, de fruits et de légumes. En te promenant, tu peux récolter des aliments frais pour ton oiseau. Dans des prairies non traitées par pesticides, tu trouveras certainement des feuilles de pissenlits et des pâturins (Poa) contenant encore des graines. Ta perruche callopsitte adorera ce genre de friandises. Avant de donner de la verdure à ton oiseau, tu devrais soigneusement la laver sous l'eau du robinet puis la laisser sécher dans du papier absorbant, par exemple.

vous faire prescrire par le vétérinaire une préparation multivitaminée. Tenez-vous en strictement aux doses indiquées, car tout surdosage peut avoir de fâcheuses conséquences.

Minéraux et oligo-éléments

La perruche callopsitte a besoin de ces éléments pour l'élaboration de son squelette, de ses plumes ainsi que pour sa croissance, et la femelle pour former ses oeufs.

Dans la nature, les oiseaux absorbent de la terre riche en minéraux. Pour la remplacer, vous mettrez du gravier dans la cage. Les blocs de calcaire, les blocs pour pigeons (disponibles en animaleries) et les coquilles d'œufs broyées peuvent remplir cette fonction. Dans le commerce, on trouve également des minéraux sous forme de poudre à mélanger aux aliments.

Aliments nocifs pour votre perruche callopsitte

Beaucoup d'aliments appréciés par votre perruche ne sont pas bons pour sa santé. Faites notamment attention aux aliments ci-après.

Aliments mauvais pour la santé : restes de repas, bâtonnets salés et chips, qui contiennent trop de sel et d'épices. Chocolats, bonbons et gâteaux, qui contiennent trop de graisses, de sucre et de colorants. L'alcool et le café ne conviennent pas non plus.

Ce dont l'oiseau peut se gaver par gourmandise : jus de fruits (non sucrés), pain sec, gâteaux aux céréales complètes, biscottes, pommes de terre cuites refroidies, pâtes cuites, viande maigre, yaourt, fromage blanc maigre, fromages doux en petite quantité, muesli (notamment aux céréales complètes).

Une bonne hygiène, c'est important

Propreté et hygiène son aussi importantes pou votre santé que pour celle de l perruche callopsitte, car elle permettent de prévenir le maladies. Veillez cependant ne pas désinfecter trop souven la cage et ses équipements, pou que les défenses immunitaire de la perruche callopsitte n s'affaiblissent pas par manqu de sollicitation.

Comment la perruche callopsitte fait-elle sa toilette ?

Comme la plupart des oiseaux la perruche callopsitte est u animal très propre.
Plusieurs fois par jour, ell prend le temps de faire sa toi lette. Elle arrange ses plumes e les nettoie une à une. Elle fai d'abord passer chaque plum dans son bec pour éliminer l poussière et les saletés. Ce fai sant, elle lisse les plumes Enfin, elle les enduit d'un sécrétion graisseuse produit par une glande particulière dite «uropygienne», afin de le rendre imperméables. Cela per

La perruche inspecte minutieu sement tout nouvel aliment.

CONSEIL

Observez la perruche callopsitte pendant sa toilette : vous remarquerez qu'elle tourne la tête à 180 degrés pour atteindre la partie inférieure de son ventre.

met à la perruche callopsitte de voler sous la pluie sans se mouiller ni attraper froid.

La glande uropygienne se situe sur le croupion, à la base de la queue. La perruche callopsitte enduit les plumes de son corps de la sécrétion de cette glande, à l'aide de son bec. Pour les plumes de la tête, elle frotte directement celle-ci contre son croupion.

La perruche callopsitte nettoie également son bec en le frottant à une branche d'arbre ou à un os de seiche, ce qui lui permet de l'aiguiser tout en décollant les saletés.

Beaucoup de perruches callopsittes se baignent volontiers

Le bain peut faire partie de la toilette quotidienne des perruches callopsittes. Elles aiment particulièrement s'exposer à la pluie en déployant leurs ailes, de manière à se mouiller tout le corps. Les perruches en cage ou dans des volières tentent généralement de profiter de chaque goutte d'eau qui tombe en sortant la tête de leur abri.

Il est recommandé de satisfaire aussi souvent que possible le besoin qu'a la perruche callopsitte de «prendre une douche», même en hiver, car, en cette saison, les appartements chauffés sont la plupart du temps très secs et conviennent mal à l'oiseau. Le bain constitue une agréable distraction pour la perruche callopsitte, qui le fait généralement suivre d'une toilette complète.

ilette à deux. L'oiseau de roite passe ses plumes dans on bec.

Il est préférable de lui faire prendre une douche le matin, voire en milieu de journée, pour que ses plumes aient le temps de sécher. Ne le faites en aucun cas le soir, avant d'éteindre la lumière dans la pièce où elle dort, car elle risque d'attraper froid.
Si votre perruche callopsitte ne peut pas profiter de la pluie pour se doucher (ce qui n'est de toute manière possible qu'en été), utilisez un pulvérisateur en veillant à ce qu'il ne contienne aucune trace d'engrais chimique. N'hésitez pas à le remplir d'eau chaude et réglez le débit de manière à ce que l'eau soit projetée en très fines gouttelettes. Vous constaterez que l'eau vaporisée est à une température agréable et que la perruche ne court aucun risque de se brûler.
Si votre perruche accepte d'utiliser une baignoire, elle pourra décider elle-même du moment le plus propice à son bain. Utilisez un plat en terre assez large et peu profond ou procurez-vous une baignoire pour perruches de grande taille dans les magasins spécialisés.
Remarque : certains spécialistes recommandent de fournir à la perruche callopsitte des feuilles humidifiées dans une coupe plate. Elle pourra s'y baigner « à la rosée du matin ». Dans leur environnement naturel, les perruches callopsittes mouillent en effet leur plumage en se faufilant à la recherche de nourriture à travers la végétation recouverte de rosée du matin.
Attention, cependant : les feuilles doivent provenir d'arbres non taillés et risquent

Pour atteindre un savoureux épi de millet, la perruche callopsitte n'hésite pas à se pencher dangereusement

Calendrier des soins - Quel soin à quelle fréquence ?			
Tous les jours	**Une à deux fois par semaine**	**Tous les mois**	**Tous les 3 à 6 mois**
• Videz les mangeoires et les abreuvoirs, rincez-les à l'eau chaude, séchez-les et replacez-les dans la cage après les avoir remplis. Si vous utilisez un distributeur automatique, vérifiez son niveau. Videz les téguments des graines (→ illustration page 57). Retirez les bouquets de verdure et les rameaux flétris. Laissez l'épi de millet dans la cage tant que la perruche ne l'a pas terminé. • Brossez les perchoirs, les branches et le grillage pour en éliminer les traces d'excréments et essuyez-les à l'aide d'un chiffon humide. • Ramassez les excréments et les restes de nourriture tombés sur le sable à l'aide d'une petite cuiller. Ajoutez un peu de sable frais si besoin est. • Nettoyez la baignoire et remplissez-la d'eau fraîche. • Observez vos oiseaux. Paraissent-ils en forme ? • Vérifiez si la cage ne recèle pas de restes de nourriture. • Dans le cas d'un couple nicheur, vérifiez s'il dispose de quoi faire son nid et si la femelle n'a pas encore pondu. • Nettoyez le sol autour de la cage.	• Lavez à l'eau chaude et au savon la cage et ses équipements (augets, distributeurs d'eau et de nourriture, perchoirs, branches, baignoire, etc.). • Vérifiez s'il reste suffisamment de gravier, de pierre à aiguiser le bec et/ou d'os de seiche. • Accrochez un nouvel épi de millet aux barreaux de la cage. • Videz le bac et rincez-le à l'eau chaude. Changez le sable. Si vous possédez une volière, changez la litière, la terre ou le sable, ratissez le sol, lavez les pierres et rincez les buissons au jet d'eau.	• Changez les perchoirs en bois. • Si possible, nettoyez la cage au jet d'eau chaude dans une baignoire et brossez-la bien. • Vérifiez si la cage / la volière est en bon état et si la perruche ne risque pas de s'y blesser. • Vérifiez l'absence de poux dans la cage / la volière. • Coupez si possible les griffes de la perruche (→ page 75) et vérifiez si elle n'est le foyer d'aucun parasite (→ page 74). • Brossez vigoureusement l'arbre et essuyez-le à l'aide d'un chiffon humide. Changez la litière.	• Si la perruche évolue librement dans une volière, faites vérifier ses excréments pour voir s'ils ne contiennent aucun parasite (→ page 74). • Retourner le sol de la volière à la profondeur d'une bêche et changez la couche supérieure de la terre, voire toute la terre. **Remarque :** la fréquence des soins doit être adaptée en fonction de la taille de la cage et du nombre d'oiseaux.

de pourrir si elles restent trop longtemps dans la cage.

Un entretien peu contraignant

Comme les hommes, les oiseaux se sentent plus à l'aise dans un environnement propre. Lorsqu'ils sont domestiqués, ils ne sont pas en mesure d'entretenir leur cage et ses accessoires et c'est à leur maître de s'en charger.

La perruche callopsitte fait peu de saletés. Un nettoyage hebdomadaire de la cage et du bac à l'eau chaude et au savon est suffisant. Changez également le sable pour oiseaux au fond de la cage.

Frottez vigoureusement les perchoirs souillés d'excréments à l'aide d'une brosse dure et essuyez-les avec un chiffon humide.

Procédez de la même façon pour l'arbre (→ page 56).

Retirez les excréments tombés dans le bac de l'arbre à l'aide d'une spatule, par exemple.

Pour les plumes et les débris de plume, il suffit de passer l'aspirateur. Essuyez les meubles souillés avec un chiffon humide. Si votre moquette ou vos tapis sont souillés, le mieux est de ramasser délicatement les excréments séchés à l'aide d'un

En haut : cette perruche callopsitte nettoie soigneusement les plumes de sa queue. En bas : les rémiges doivent être particulièrement propres

La perruche callopsitte glisse sa patte sous son aile pour se gratter et éliminer ainsi toute saleté.

torchon. S'ils sont encore liquides, laissez-les sécher. Procédez de la même manière avec les vêtements tachés.

La perruche callopsitte absorbant très peu de protéines animales, ses excréments sont quasiment inodores et demeurent exempts de bactéries si l'oiseau est bien soigné et ne quitte pas l'appartement. Toute crainte exagérée des contaminations est donc injustifiée. Les mesures ordinaires d'hygiène (nettoyer régulièrement la cage, se laver systématiquement les mains, etc.) suffisent amplement à prévenir les maladies.

Remarque : de nombreuses personnes cherchent à protéger leurs animaux domestiques et eux-mêmes de toute maladie en aseptisant l'environnement des bêtes. Cependant, un milieu aseptisé ne permet ni à l'homme ni à l'animal de développer ses défenses naturelles. De surcroît, les désinfectants sont des substances pouvant irriter les voies respiratoires et provoquer des intoxications.

Il est en outre prouvé scientifiquement que les personnes vivant au contact d'animaux domestiques possèdent un système immunitaire plus résistant.

Maladies et soins préventifs

Le meilleur moyen de prévenir les maladies chez la perruche callopsitte, c'est de lui prodiguer tous les soins dont elle a besoin. Procurez-lui la compagnie d'au moins l'un de ses congénères, offrez-lui une alimentation variée, veillez à ce que sa cage soit toujours propre et assurez-vous qu'elle peut prendre de l'exercice et se distraire. Si, malgré cela, votre perruche callopsitte tombe malade, agissez sans tarder et n'hésitez pas à l'emmener immédiatement chez le vétérinaire.

L'organisme de la perruche callopsitte

La plupart des Perroquets sont originaires de la forêt tropicale, où la nourriture est si abondante qu'il est inutile que leur organisme constitue des réserves. Par ailleurs, les oiseaux devant être les plus légers possible pour pouvoir voler, la nature a éliminé chez eux toute graisse superflue. Or, ce sont les graisses qui fournissent au corps l'énergie dont il a besoin. Chez les autres espèces, le corps puise dans des réserves de graisses

La perruche callopsitte en bonne santé aime jouer à la balançoire

La perruche callopsitte observe avec méfiance l'image que lui renvoie le miroir.

constituées antérieurement lorsqu'il doit fournir un effort particulier ou qu'il ne reçoit plus un apport énergétique suffisant. Chez l'oiseau, ces réserves n'existent généralement pas. Le métabolisme des oiseaux est en outre très élevé puisque la température de leur corps atteint habituellement 42° C. Leur organisme a donc constamment besoin d'être alimenté.

Une perruche malade cesse souvent de se nourrir. Si elle a de la fièvre, ses maigres réserves vont s'épuiser très rapidement. Il est donc impératif de l'emmener immédiatement chez le vétérinaire dès l'apparition des premiers symptômes.

Les premiers symptômes

Même si l'on observe attentivement ses perruches, on ne remarque généralement les symptômes d'une maladie que très tardivement. Si elles se tiennent assises avec le plumage gonflé, il sera en effet difficile de percevoir une légère perte de poids, par exemple. Il est donc recommandé de contrôler quotidiennement certains points : les excréments présentent-ils un aspect normal ? La perruche s'alimente-t-elle ? Boit-elle ? Dort-elle beaucoup ? Reste-t-elle longtemps recroquevillée en gonflant son plumage ?

Premières mesures d'urgence : Une perruche callopsitte malade a surtout besoin de chaleur. La soumettre à la chaleur d'une lampe infrarouge constitue déjà une forme de premiers soins. Recouvrez la moitié de la cage d'une protection afin qu'elle puisse s'abriter de la chaleur si cela lui convient mieux. Vérifiez avec votre main que la température n'est pas trop élevée au niveau de l'oiseau (→ illustration page 78)

Les blessures

Des blessures sont fréquentes, aussi bien en volière d'extérieur qu'en cage-volière, lorsque plusieurs oiseaux sont regroupés. A l'extérieur, elles sont dues à des chats, des martres, mais également à des disputes pour un nichoir, à des batailles hiérarchiques et au manque de surveillance lors des vols en liberté.

Les symptômes sont : du sang sur le plumage et/ou sur le perchoir ; des fractures.

Traitement : les petites blessures guérissent d'elles-mêmes. Humectez les blessures plus importantes avec un tampon d'ouate imbibé de trichlorure de fer, pour stopper l'hémorragie, puis recouvrez-les avec un onguent à base d'iode. En cas de très forte hémorragie, faites pression en douceur sur l'endroit qui saigne et emmenez immédiatement l'oiseau chez le vétérinaire. Consultez également un vétérinaire en cas de fracture.

Les parasites

Les principaux parasites concernés sont les poux rouges, les mallophages, les acariens parasitant les oiseaux et les sarcoptes. Les perruches callopsittes sont la plupart du temps contaminées au contact d'autres oiseaux.

Les symptômes d'un oiseau infesté sont généralement : une forte agitation, un nettoyage compulsif du plumage, peu de phases de repos ou de sommeil et de brusques sursauts.

Les poux rouges se cachent dans les parties en bois de la cage pendant la journée et s'attaquent aux oiseaux la nuit, pour leur sucer le sang. Si vous placez une serviette blanche sur la cage pendant la nuit, vous verrez, le matin suivant, que les poux rouges s'y sont accrochés . Demandez à votre vétérinaire un produit efficace contre les poux. Toutes les parties en bois de la cage doivent être retirées, nettoyées soigneusement et désinfectées.

Les mallophages se distinguent à l'œil nu dans le plumage. Si l'oiseau en est infesté, agissez de la même façon que pour les poux rouges.

Le sarcopte est à l'origine de la gale des perruches ou de la gale du bec. Les parasites vivent sur toutes les parties de l'épiderme dépourvues de plumes et sur la corne. Ils y creusent des galeries, ce qui entraîne des irritations. Au premier stade, tamponnez toutes les régions dépourvues de plumes d'huile alimentaire pendant une dizaine de jours. L'huile étouffe les parasites. S'il n'y a pas d'amélioration, consultez un vétérinaire.

Les tumeurs

Les lipomes (proliférations de tissus adipeux) sont souvent sans danger et plus fréquentes chez les oiseaux d'un certain âge. Elles ne deviennent gênantes que lorsqu'elles affectent certaines parties du

CONSEIL

Il est extrêmement important de bien connaître son oiseau, car ce n'est qu'ainsi que vous constaterez rapidement des modifications. Suivant la gravité des symptômes, vous consulterez immédiatement le vétérinaire, et, au plus tard, le jour suivant.

Une alimentation équilibrée prévient les maladies.

corps ou qu'elles sont devenues très grosses. A un stade précoce, le vétérinaire peut supprimer le lipome par une intervention chirurgicale.

Les plumes enkystées sont des plumes retardées dans leur développement, qui n'ont pas percé l'épiderme, mais continuent de pousser sous la peau. Une petite opération peut également remédier à ce problème.

Remarque : la glande uropygienne, qui produit une sécrétion grasse et située à la base de la queue, peut, si elle est engorgée, passer pour un kyste. Celle-ci devra être vidée par le vétérinaire.

L'emphysème sous-cutané apparaît comme une accumulation d'air sous la peau. Il ne s'agit pas ici d'une tumeur, mais d'un trou dans un sac aérien. Une opération permet de refermer ce trou.

La croissance excessive du bec et des griffes

L'oiseau s'accroche avec ses griffes, par exemple dans les rideaux, ou a des difficultés pour s'alimenter, car la mandibule supérieure du bec est trop longue.

Causes possibles : modifications du métabolisme liées à l'âge, alimentation mal équilibrée, manque de matériaux pour user le bec.

Traitement : la taille des griffes et du bec doit absolument être effectuée par un vétérinaire. La taille des griffes peut endommager des vaisseaux sanguins. Une pierre pour affûter le bec ou des branches pour user le bec et les griffes agissent préventivement.

La constipation

Lorsque l'oiseau s'efforce de produire des fientes et n'y parvient pas, il souffre de constipation.

Causes possibles : mauvaise alimentation, absorption de corps étrangers, tumeur, et encore bien d'autres causes possibles. Chez une femelle qui s'apprête à pondre, cela peut également se produire. Les raisons doivent en être diagnostiquées par un vétérinaire.

Traitement : uniquement par un vétérinaire. Chez les animaux apprivoisés, il est possible de masser légèrement le bas-ventre pour stimuler l'activité intestinale. Une lampe infrarouge peut également être utile (→ illustration page 78), ainsi qu'un peu d'activité.

La diarrhée

Comme les oiseaux ne produisent pas d'urine liquide, la partie blanche, normalement ferme, des excréments, constitue l'urine, la partie verte étant constituée des matières fécales. Urine et matières fécales se mélangent dans le cloaque, l'orifice uro-génital. Si la partie verte est liquide, l'oiseau a la diarrhée. En revanche, si la partie blanche perd de sa consistance, il est possible que l'oiseau ait des problèmes rénaux.

Causes possibles : si l'oiseau a l'air en forme, il peut s'agir d'un dérangement sans gravité, provoqué par exemple par l'excitation ou la consommation de fruits. Cependant, si l'oiseau produit toute la journée des selles liquides, s'il est faible et apathique, si son plumage est très sale à proximité du cloaque et si ses excréments sont brunâtres ou mêlés de sang, il s'agit de symptômes des plus alarmants, dont le vétérinaire devra déterminer les causes.

Traitement : comme un oiseau qui a la diarrhée se déshydrate très rapidement, vous ne devriez pas hésiter à consulter immédiatement un vétérinaire. Par mesure d'urgence, placez l'oiseau dans une cage séparée, pour éviter qu'il n'infecte ses congénères. Un éclairage avec une lampe infrarouge peut lui faire du bien (→ page 73). De la tisane à la camomille additionnée d'un peu de glucose lui fournira un apport d'énergie. Nettoyez les salissures du cloaque à l'eau tiède.

L'inflammation du jabot

Si la nourriture qu'il absorbe n'est plus prédigérée correctement, que l'oiseau vomit et a des nausées sans arrêt, il souffre probablement d'une inflammation du jabot.

Causes possibles : bactéries, corps étrangers, aliments pourris, parasites, champignons ou virus. Traitement : uniquement par le vétérinaire. Nettoyez à

CONSEIL

Les propriétaires d'oiseaux conscients de leurs responsabilités devraient toujours être préparés aux cas d'urgence, par exemple aux blessures. Ici, une petite pharmacie domestique peut être utile. Elle devrait contenir les éléments suivants : le numéro de téléphone du vétérinaire, des tampons d'ouate hémostatique, un onguent iodé, du glucose, quelques sachets de tisane, de petits ciseaux, une pince à épiler, une pince, une loupe et un bandage.

Après le repas, l'oiseau s'étire longuement.

l'aide d'eau tiède les plumes salies au niveau du cou.

La congestion cérébrale

Les symptômes d'une congestion cérébrale sont par exemple : un oiseau qui tient la tête penchée, chancelle, tremble, tombe inconscient d'une branche, présente des crampes et des paralysies.
Causes possibles : collision en vol.
Traitement: la première mesure à prendre consiste à placer l'oiseau dans une pièce calme et sombre et à lui éviter toute perturbation. Si son état s'est légèrement stabilisé, consultez un vétérinaire.
En cas d'hémorragie cérébrale, toute intervention s'avère généralement trop tardive.

Les maladies des voies respiratoires

Les symptômes vont de difficultés respiratoires à une inflammation pulmonaire en passant par une respiration bruyante et une insuffisance respiratoire.
Les causes en sont les courants d'air, la fumée, un air sec et poussiéreux, des bactéries ou des micro-organismes. Un vétérinaire devra en déterminer la cause.

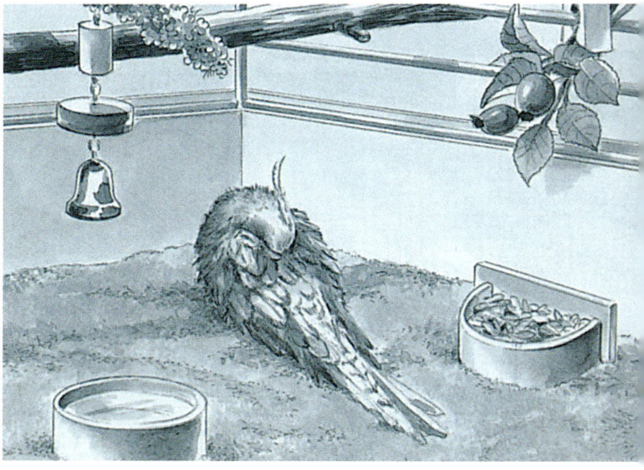

Une perruche callopsitte malade se tient dans un coin de la cage, les plumes gonflées, et cache souvent sa tête dans les plumes de son dos

La chaleur est bénéfique pour un oiseau malade. Une lampe infrarouge est une bonne source de chaleur.

est plus facile d'administrer n médicament liquide à un iseau lorsqu'on le tient enveoppé dans une serviette.

Remarque : les fontaines d'intérieur, les humidificateurs d'air et les aquariums sont utiles en cas de sécheresse de l'air.

La psittacose/ornithose est une maladie grave pour l'homme comme pour la perruche callopsitte. Cette infection bactérienne se traduit par un rhume, un écoulement nasal, de l'apathie, une conjonctivite, de la fièvre, une inflammation pulmonaire. Chez l'homme, elle se manifeste également par des symptômes grippaux très prononcés, accompagnés d'une forte fièvre.

Cette maladie, qui fait l'objet d'une déclaration obligatoire, se soigne aujourd'hui aussi bien chez l'homme que chez l'animal.

Remarque : comme une perruche callopsitte ne peut être contaminée qu'au contact d'autres oiseaux, le risque qu'un oiseau contracte la psittacose est faible.

La visite chez le vétérinaire

En cas d'urgence, vous devriez absolument téléphoner au préalable pour savoir si le vétérinaire est disponible. Si ce n'est pas le cas, vous obtiendrez généralement l'adresse d'un collègue. Ainsi, vous ne perdrez pas un temps qui pourrait être précieux.

Transportez l'oiseau malade dans sa cage habituelle, si celle-ci n'est pas trop grande. Ainsi, le vétérinaire pourra également observer ses excréments. Recouvrez toujours la cage d'une couverture ou d'un carton aux bonnes dimensions, afin d'éviter les courants d'air. Si votre oiseau vit dans une cage-volière spacieuse, installez-le dans une boîte de transport (→ photo page 44).

Le vétérinaire vous posera des questions auxquelles vous devrez être préparé. Il vous demandera par exemple depuis combien de temps vous possédez l'oiseau, à quel moment vous avez pour la première fois constaté des changements chez lui, ou s'il a accès à des produits nocifs.

L'administration de médicaments

Les médicaments liquides ou en poudre sont mélangés à de l'eau. Vous pouvez également verser la poudre sur les graines.

Pour appliquer un onguent, vous maintiendrez l'oiseau immobile à l'aide d'une serviette (voir illustration ci-dessus). Une tierce personne appliquera alors l'onguent à l'aide d'un bâtonnet d'ouate.

Pour administrer des gouttes oculaires, maintenez l'oiseau avec une serviette et instillez les gouttes dans ses yeux.

L'élevage des perruches callopsittes

Les perruches callopsittes élevées par l'homme parviennent très bien à se reproduire. Comme elles font cependant partie des perroquets, leur élevage nécessite une autorisation par l'office local des vétérinaires (→ questions juridiques pages 26/27).

Les éléments essentiels de l'élevage

Si vous possédez un couple harmonieux, presque n'importe quelle cage conviendra à leur élevage. Cela est dû au fait que dans leur pays d'origine, les perruches callopsittes ne peuvent se montrer difficiles, car les sites propices à la nidification y sont rares (→ page 12).

Un nichoir dans la cage suffit à inciter un couple à la reproduction. Il est important que le nichoir soit suffisamment grand.

Vous avez le choix entre un nichoir de format vertical et un nichoir de format horizontal. Les perruches callopsittes s'accommodent des deux. Le nichoir de format vertical devrait se composer d'un fond de 30 x 30 cm, et les parois devraient avoir 35 à 40 cm de haut. L'entrée des deux nichoirs doit avoir un diamètre de 8 à 9 cm. Un nichoir vertical doit comporter un dispositif permettant d'accéder à l'entrée et d'en redescendre. Il peut s'agir d'un treillis métallique ou, mieux encore, d'une échelle en bois.

Le nichoir horizontal devrait être constitué d'un fond de 30 x 40 cm, et ses parois devraient atteindre 25 cm.

La planche de fond devrait, pour les deux nichoirs, avoir une épaisseur de 3,5 cm, les parois peuvent être plus fines.

Les oiseaux apprécient aussi les nichoirs encore recouverts d'écorce. Ils ont l'aspect d'un tronc naturel (→ conseil page 81). L'important est que le nichoir dispose d'un couvercle amovible ou d'un rabat permettant d'en inspecter l'intérieur. Le nettoyage s'en trouve en outre facilité. Choisissez toujours un nichoir en bois tendre non traité.

Cet oiseau parade devant ce dessous-de-verre en cuivre.

CONSEIL

Les nichoirs les plus naturels sont des troncs que l'on a évidés et dont le diamètre doit être adapté à la taille de l'oiseau. Ils ont l'avantage d'offrir de meilleures conditions climatiques à l'intérieur et leur surface rugueuse permet aux perruches callopsittes de grimper.

Pour nicher, les perruches callopsittes, dans leur milieu naturel, n'utilisent que des copeaux qu'elles découpent dans le trou où elles nichent, ou bien des matériaux déjà présents dans le trou. C'est pourquoi il vous suffit de garnir le fond du nichoir de copeaux mélangés à de la tourbe.

Les matériaux garnissant le nid doivent aussi se composer de bois tendre non traité.

Remarque : de nombreuses femelles rejettent la litière à l'extérieur. Dans ce cas, il est conseillé d'aménager un creux au fond du nichoir, pour éviter que les œufs ne roulent. Pour que tous les œufs soient couvés de la même façon, il est en effet important qu'ils soient tous regroupés sous la femelle.

La parade

Les perruches callopsittes sont des oiseaux extrêmement accommodants. On peut les élever en colonies, les placer par couples ou les socialiser avec d'autres espèces. Dans tous les cas, les animaux se reproduisent, à condition d'avoir le bon partenaire et que les conditions de l'environnement (nichoir, alimentation variée) soient stimulantes pour la reproduction. Il est particulièrement passionnant d'observer comment les partenaires se rencontrent au sein d'une colonie et se lient pour la vie.

Vous reconnaîtrez un couple à la douceur avec laquelle les oiseaux se traitent mutuellement. Même si vous ne possédez que deux perruches callopsittes, qui s'aiment bien, vous pourrez observer tout le répertoire comportemental des oiseaux.

Le fait que les oiseaux sont perchés l'un contre l'autre est le premier signe d'une entente

prend son reflet pour un congénère.

réciproque. Ils se blottissent véritablement l'un contre l'autre. Cela équivaut à des fiançailles. Désormais, ils font presque tout ensemble. Si l'un des oiseaux mange, l'autre fait de même. Si le mâle s'occupe de son plumage, la femelle l'imite. Puis le mâle se livre à une véritable profusion de caresses. Il lui caresse la tête avec sollicitude et lui donne des baisers avec son bec. Il entame ensuite un chant pour sa «promise», un sifflement mélodique et rythmique.

<u>Le chant nuptial</u> doit renforcer les liens du couple. Le mâle se tient alors les ailes écartées sur le perchoir et donne de temps en temps des coups de bec. Souvent, il dresse sa huppe au même moment. Ce comportement est destiné à impressionner la femelle. Elle le trouve particulièrement attrayant lorsqu'il trottine autour d'elle en écartant les ailes, afin de mettre en valeur les parties blanches situées sous celles-ci. En outre, il s'incline souvent et étale ses rectrices en éventail. S'il dispose d'assez d'espace, le mâle fait aussi des démonstrations de son habileté en vol en manifestant une adresse étonnante.

Remarque : les disputes ne se produisent que lorsqu'un oiseau cherche à en conquérir un autre déjà apparié ou que deux couples se battent pour un même nichoir. Il est cependant rare que ces disputes finissent dans le sang. Dans une volière, vous devriez, si possible, mettre autant de mâles que de femelles et proposer plusieurs nichoirs identiques.

L'accouplement

En succombant progressivement aux démonstrations amoureuses du mâle, la

Photo ci-dessous à gauche : étapes de développement d'une perruche callopsitte. Ici, un adulte au plumage de couleur naturelle.

Photo ci-dessous au centre : jeune oiseau âgé d'environ trois semaines. Son plumage est presque complètement formé.

Photo ci-dessous à droite : oisillon âgé de quelques semaines.

**e mâle gratte doucement sa
emelle. L'échange de caresses
éciproques renforce les liens.**

femelle se pose à plat sur le nichoir, et dirige sa queue sur le côté. Elle incite ainsi son partenaire à l'accouplement, à la copulation. Le mâle monte alors sur le dos de la femelle, croise ses rectrices sous les siennes, de façon à ce que les deux orifices ano-génitaux, appelés cloaques chez les oiseaux, soient en contact. Les spermatozoïdes du mâle pénètrent ainsi dans les organes génitaux de la femelle et fécondent les ovules arrivés à maturité.

L'accouplement peut durer plusieurs minutes et est répété plusieurs fois. Ce faisant, les animaux poussent de faibles cris.

Une fois l'accouplement terminé, les oiseaux demeurent côte à côte et mettent de l'ordre dans leur plumage.

La ponte et la couvaison : le mâle se glisse souvent dans le nichoir, afin d'y attirer la femelle. Celle-ci passe désormais de plus en plus de temps dans l'abri et en becquette les parois. Elle se prépare à la ponte. En creusant la litière, elle ménage un trou pour le nid. Le mâle se poste devant le nichoir et y fait le guet.

La ponte

En général, la femelle pond entre 4 et 6 œufs à intervalles de deux jours.

Le premier œuf est déposé dans le nichoir environ une semaine après l'accouplement. Le plus souvent, le couple ne commence à couver qu'au bout du deuxième œuf. Les partenaires se relaient pour couver.

Si un mâle ne se soucie pas trop de couver, il peut arriver que la femelle n'ait pas la patience de le faire toute seule. Elle délaisse alors les œufs trop longtemps. Ceux-ci refroidissent et les embryons meurent. Ce problème peut aussi se produire avec un couple trop zélé ou inexpérimenté. L'alimentation rituelle de la femelle n'a pas lieu chez les perruches callopsittes. Celle-ci doit se nourrir seule et est alors remplacée par le mâle pour couver.

Il peut arriver également que les deux animaux ne couvent pas, parce qu'ils sont en train de faire leur toilette ou de manger. Si cela ne dure qu'un instant, il n'y a rien à craindre pour les œufs.

Une fois que les œufs sont fécondés, les poussins éclosent au bout de 18 à 21 jours, suivant l'ordre de la ponte. Si le couple n'a commencé à couver qu'au bout du deuxième ou troisième œuf, plusieurs poussins peuvent éclore le même jour. Ceux qui naissent ensuite seront certes plus petits que leurs frères et sœurs, mais ils sont en général aussi bien nourris par leurs parents. Tant que les oisillons sont encore très petits, il ne faut pas être trop curieux et déranger les parents trop souvent.

CONSEIL

Au bout de six jours environ, on peut vérifier si un oeuf est bien fécondé à l'aide d'une lampe puissante. Pour cela, il faut placer la lampe tout près des oeufs. Les oeufs fécondés sont parcourus d'un réseau de veines rouges. Les oeufs non fécondés sont vides (→ illustration page 87).

Pour un oiseau qui vit seul l'homme ne pourra jamais remplacer ses congénères.

Dans la nature, les perruches calopsittes ont la possibilité de choisir leur partenaire pour la vie parmi un grand nombre de leurs semblables.

On peut cependant inspecter occasionnellement le nichoir.

Remarque : il arrive aussi que des femelles isolées pondent un œuf de temps en temps. Ne retirez pas les œufs immédiatement, cela l'inciterait à pondre de nouveau. Laissez la femelle couver un certain temps. Elle épargnera ainsi ses forces, en ne produisant pas de nouveaux œufs. Si vous possédez un couple, mais que vous ne voulez pas de jeunes, ne disposez pas de nichoir dans la cage. Percez les œufs pondus aux deux extrémités avec une épingle, afin qu'aucun embryon ne puisse se développer, ou bien remplacez les œufs par des œufs artificiels.

Le développement des oisillons

Les jeunes fraîchement éclos ont un épiderme rose et un duvet jaune. Ils sont encore incapables de se percher et leurs

yeux sont fermés. Ils pèsent environ cinq grammes. Les parents nourrissent leurs petits d'une sécrétion laiteuse appelée «lait de jabot». C'est pourquoi la mandibule inférieure du bec des oisillons est très large. Sur la mandibule supérieure, on trouve encore le diamant, qui a servi à percer l'œuf.
Au bout de quatre à cinq jours, les yeux commencent à s'ouvrir, et l'oisillon pousse des appels distincts. Son poids atteint 15 grammes.
Au bout de 10 jours, les yeux sont correctement ouverts. Les premières petites plumes apparaissent. L'oisillon peut lever la tête et pousser de petits sifflements. Les parents donnent de plus en plus souvent des graines prédigérées à la place du lait de jabot. En appelant, l'oisillon se dresse et son poids atteint environ 35 grammes.
Au bout de 15 jours, l'oisillon perd le diamant qui lui a servi à percer son œuf et est capable de reconnaître ses parents. Dans le nichoir, il se dirige vers l'entrée. Son bec a durci et il pèse maintenant environ 40 à 50 grammes. Les premières plumes apparaissent et l'on distingue leur couleur.
Au bout de 18 jours, on distingue les taches sur les joues.

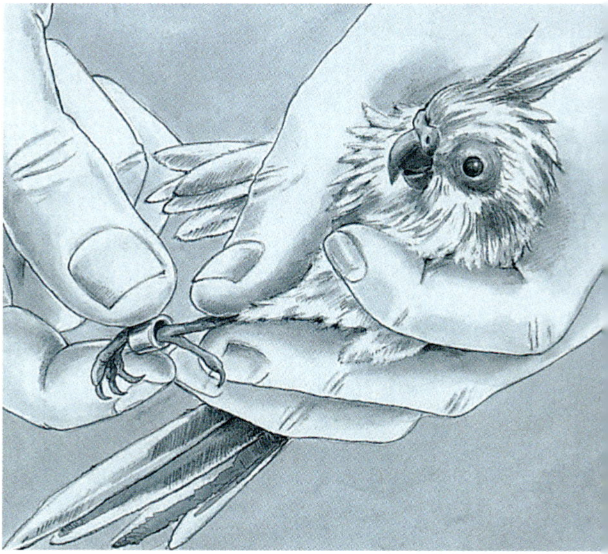

Placement correct d'une bague fermée. Le baguage doit être effectué environ au septième jour de l'existence d'un poussin.

En cas de danger, l'oisillon peut dresser la huppe, et il siffle et écarte les ailes pour se défendre.
Au bout de 20 jours minimum, le sous-duvet jaune est remplacé par un duvet gris. L'aspect hérissé de l'oiseau se dissipe peu à peu. Les animaux pèsent environ 60 grammes.
Entre 28 et 35 jours, le plumage est complètement formé, les couleurs sont cependant plus pâles que chez les oiseaux adultes. Désormais, les oisillons peuvent voler.
Ils sont certes immédiatement capables de voler, mais se mon-

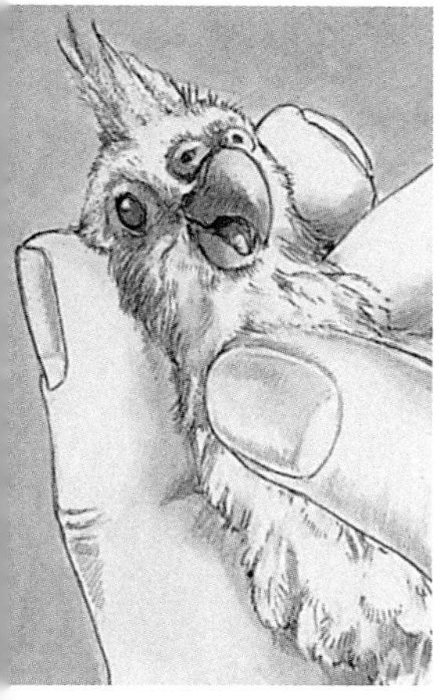

En palpant le jabot, on vérifie si le poussin a pris assez de nourriture.

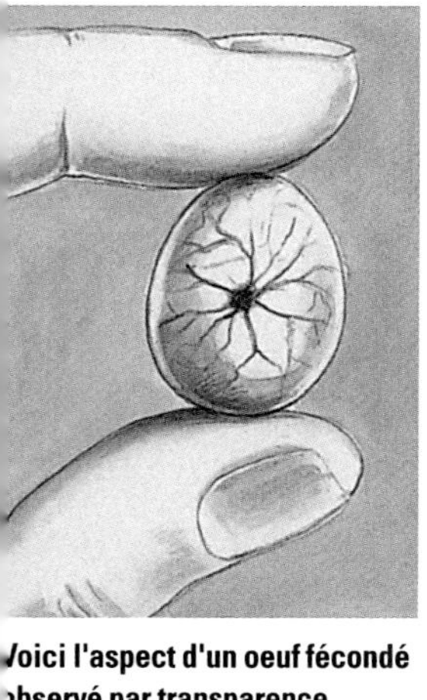

Voici l'aspect d'un oeuf fécondé observé par transparence.

trent généralement très maladroits.
Comme l'atterrissage ne se passe généralement pas si bien que cela, les animaux peuvent heurter un mur en volant et se blesser.
Entre 35 et 40 jours environ, les oisillons commencent à manger seuls, et la part qu'ils absorbent ainsi devient de plus en plus importante tandis que celle apportée par les parents diminue.

L'heure de l'indépendance et la jeunesse

Les parents tolèrent la présence de leurs petits. Cependant, s'ils doivent couver à nouveau, il est conseillé de placer les jeunes oiseaux dans une volière séparée. Il faut alors conserver la même alimentation que dans la volière d'élevage, pour faciliter la transition, sans oublier les vitamines, les minéraux et les oligo-éléments (→ page 65).
A environ six mois, a lieu la mue du plumage adulte. On distingue alors facilement les deux sexes.
A neuf mois, les perruches calopsittes ont atteint leur maturité sexuelle, mais il faut attendre encore un peu avant de commencer un élevage.

Le baguage

Les oisillons devraient être bagués vers l'âge de sept jours (→ Questions juridiques, pages 26-27). Cela exige un peu d'entraînement. Il vaut mieux qu'un éleveur vous montre comment procéder. Prenez l'oisillon dans la main et écartez légèrement une de ses pattes (→ illustration à gauche). Passez doucement la bague sur les trois doigts les plus longs, écartez le quatrième vers l'arrière. Poussez ensuite la bague vers le haut, de façon à ce qu'elle glisse également sur le dernier doigt.
Les bagues à ouverture, qui peuvent également être placées sur des oiseaux adultes, présentent moins de risques.

Nourrir les oisillons à la main

L'alimentation des oisillons à la main n'est recommandée que dans certaines circonstances, comme la mort des parents.
Les oiseaux élevés à la main par l'homme en garderont presque toujours des séquelles. Il vaut mieux placer les oisillons auprès d'un autre couple d'oiseaux par exemple. Cela évite des troubles du comportement ultérieurs tels que le picage (→ page 117).

Apprendre à les comprendre et s'en occuper

Une observation attentive des perruches callopsittes vous apprendra beaucoup de choses sur leur comportement et vous permettra de nouer une longue amitié.

Les aptitudes des perruches callopsittes

Pour pouvoir apprécier toute la diversité de leurs comportements, vous devez élever au moins deux perruches callopsittes. Si, de surcroît, vous êtes capables d'interpréter leurs différentes attitudes, votre élevage vous permettra de découvrir la nature d'une façon très intéressante.

Les attitudes que vous devez connaître

Etirer une patte : la perruche étend une patte ainsi que l'aile située du même côté vers l'arrière, puis la ramène en serrant les doigts. Ce mouvement est comparable à l'étirement chez l'homme. Il a pour but de détendre les muscles fatigués.

Enfoncer le bec dans les plumes du dos : c'est une position de sommeil caractéristique chez de nombreux oiseaux. Dans ce cas, le plumage du dos est légèrement ébouriffé, ce qui permet de recouvrir complètement la région du bec. Il est étonnant de constater que la perruche callopsitte peut tourner son cou à 180°. Elle peut ainsi nettoyer sans problème les plumes de son dos.

Se reposer sur une patte : cette position permet de soulager une jambe. Lorsqu'il dort sur un perchoir, l'oiseau se pose également sur une seule patte. Dans la nature, cette attitude a une fonction précise : quand il fait froid, les animaux réchauffent alternativement une patte, puis l'autre, en l'enfonçant dans leur plumage. Les oiseaux qui ont perdu une patte suite à un accident, par exemple, ne peuvent donc pas être maintenus dans des volières extérieures en hiver. Il est amusant d'observer l'oiseau étirer d'abord la patte en arrière, puis la tendre, de façon théâtrale, vers l'avant, avant de l'enfouir finalement dans son plumage.

Relever les deux ailes : l'oiseau relève simultanément les deux ailes pour se détendre et pour exercer ses muscles. La perruche effectue ce mouvement même quand il fait très chaud, pour faire circuler de l'air frais autour de son corps et éviter l'échauffement. Lors de la douche, les ailes sont également étirées, de manière à recevoir un maximum d'eau.

Battre des ailes : l'oiseau qui bat des ailes en se maintenant fermement par les pattes au perchoir exerce les muscles de ses ailes ou libère son trop-plein d'énergie.

Tendre latéralement les deux ailes : cette attitude fait partie du rituel nuptial du mâle. C'est

Une troupe de perruches callopsittes en Australie. Cette photo illustre à quel point la solitude est contraire aux mœurs de l'espèce.

une forme d'intimidation destinée à impressionner sa partenaire et persuader ses rivaux de sa grande taille. Il penche aussi la tête et redresse la queue verticalement.

Se nettoyer : ce comportement est l'un de ceux que l'on peut observer le plus fréquemment chez la perruche callopsitte. Il a été décrit en détail précédemment (→ page 66).

Se gratter : c'est une activité normale pour un oiseau durant

la journée. Elle a pour but d'éliminer les saletés du plumage et de soulager les démangeaisons. Les perruches callopsittes se grattent la tête en ramenant une patte sous l'aile et en la tendant vers le haut.

Remarque : si l'oiseau se gratte continuellement au même endroit, consultez un vétérinaire. Il a peut-être des parasites (→ page 74).

Secouer le plumage : plusieurs fois par jour, en particulier le matin, on peut observer comment la perruche callopsitte secoue son plumage. En exécutant ce mouvement, l'oiseau secoue tout son corps, afin d'éliminer la poussière du plumage et de le remettre en ordre. Lorsqu'elle est excitée, la perruche callopsitte secoue également ses plumes. En cas de danger, toutes les plumes doivent être en ordre, pour que l'oiseau puisse s'enfuir

Les cynorrhodons, ou fruits de l'églantine, contiennent beaucoup de vitamine A. Tous les oiseaux en raffolent.

Pourquoi la perruche callopsitte aiguise-t-elle son bec ?

Si tu observes attentivement ta perruche callopsitte, tu remarqueras qu'elle aiguise son bec plusieurs fois par jour sur une branche. Elle agit ainsi pour éliminer les restes de nourriture tels que les fruits ou les œufs. Elle peut également polir les petites aspérités sur les bords de son bec. Aiguiser son bec est parfois aussi une façon de saluer. Réponds dans ce cas à ton oiseau. Gratte la branche avec ton ongle. Pour ta perruche callopsitte, c'est comme si un de ses congénères lui répondait. Souvent aussi, la perruche callopsitte s'aiguise le bec parce qu'elle s'ennuie. Cela lui permet de surmonter une situation désagréable.

immédiatement en s'envolant.

Gonfler les plumes de la tête : les plumes de la tête du mâle, en particulier les plumes jaunes, sont appelées «masque». Les oiseaux sont capables de gonfler uniquement ce masque, sans soulever les plumes du reste du corps. On observe souvent cette attitude chez les jeunes oiseaux, ce qui leur donne un air encore plus attendrissant. En général, toutefois, l'oiseau gonfle les plumes de la tête peu avant de s'endormir ou quand il sommeille.

Gonfler l'ensemble du plumage : lorsque l'oiseau a le plumage ébouriffé, l'ensemble des plumes du corps sont légèrement relevées, créant ainsi un coussin d'air entre les plumes et la peau. Cette couche d'air a un effet isolant. Les perruches callopsittes gonflent leurs plumes quand elles ont froid, parfois aussi en dormant. Si un oiseau a le plumage ébouriffé durant toute la journée, il est vraisemblablement malade (→ page 73).

Bâiller : on observe le bâillement chez tous les perroquets. En général, un oiseau bâille lorsqu'il manque d'oxygène, ce qui induit chez lui un état de fatigue.

Eternuer : il s'agit d'un bruit qui ressemble tout à fait à un éternuement chez l'homme. Toutefois, l'éternuement n'a souvent rien à voir avec un refroidissement, car, dans ce cas, la perruche callopsitte présenterait également un écoulement nasal. Chez un oiseau sain, il s'agit d'une façon de se dégager le nez, un peu comme quand nous nous mouchons.

L'expression vocale

Les sons par lesquels les perruches callopsittes communiquent entre elles sont relativement doux. Il y a des sons exprimant l'angoisse, d'autres utilisés pendant les parades nuptiales, pour reclamer la nourriture aux parents, un cri de contact lancé en vol, ou des cris sans signification précise. Bien que chaque son en particulier soit relativement faible, le cri répété de façon monotone ou les appels incessants d'un oiseau laissé seul peuvent être très agaçants. Il faut toujours chercher à comprendre l'origine de ce comportement et tenter de l'éliminer.

Ce que la huppe exprime

Détente : dans toutes les situations normales, calmes et détendues la huppe de la perruche callopsitte est pratiquement couchée à l'horizontale sur sa tête. Les pointes de la huppe, sont dirigées vers le haut et les plumes sont toutes bien à plat (→ illustration, page 94, en haut).

Intérêt : lorsque certaines activités captent l'attention de la perruche callopsitte, si des objets l'intéressent, ou si elle est tendue en examinant quelque chose de nouveau, la huppe est dressée verticalement (→ illustration, page 94, en bas).

Tension : si la huppe est tendue au maximum et presque dirigée vers l'avant, cela traduit un état de grande excitation et de tension extrême ou une concentration intense (→ illustration, page 95 en bas).

Angoisse : si la perruche callopsitte est angoissée, troublée ou si elle a peur, elle rabat sa huppe vers l'arrière et émet un feulement. Sa tête est alors tendue vers l'avant (→ illustration, page 95 en haut).

Les perruches callopsittes sont intelligentes

La perruche callopsitte, de même que la perruche ondulée et le diamant mandarin, vit en compagnie de l'homme depuis longtemps et est donc considérée comme domestiquée. Néanmoins, elle conserve certaines caractéristiques de ses congénères sauvages, ce qui a également son utilité chez les oiseaux élevés en cage.

Pratiquement aucun animal n'est aussi curieux que la perruche callopsitte domestiquée. Elle examine attentivement tout ce qui, d'une manière ou d'une autre, est nouveau pour elle. Ce comportement a pour but de s'adapter aux nouvelles conditions de son environnement et aux changements

En haut : la huppe rabattue indique que l'oiseau est calme et détendu.

En bas : si quelque chose l'intéresse, l'oiseau redresse la huppe verticalement.

:n haut : attitude de menace, le ·ec ouvert.

:n bas : la huppe tendue ·xprime une très grande ten-·ion chez l'oiseau.

\ droite : quand l'oiseau dort, il ·nfonce la tête dans les plumes le son dos.

apparus dans son milieu. Cependant, il peut entraîner des situations cocasses ou dangereuses dans les habitations. Si l'on actionne une chasse d'eau en présence de l'oiseau, par exemple, il cherchera à voir d'où vient l'eau. Il se peut qu'il se penche trop fort sur le bord de la cuvette, tombe dans les WC et se noie. Il inspecte tout ce qui est nouveau avec le bec et la langue, après l'avoir attentivement examiné. Aussi, les régions de la tête et du bec sont particulièrement exposées aux risques de blessures (cierge enflammé, fer à repasser, etc.). Si certains événements se répètent régulièrement, l'oiseau comprendra rapidement quel parti il peut en tirer. Par exemple, il ne lui faudra pas longtemps pour savoir comment sortir de sa cage. Si la porte est fermée, il étudiera attentivement la fermeture et il n'est pas rare qu'il l'ouvre avec le bec. Si l'on possède un couple, les perruches crient sans arrêt lorsque leur partenaire n'est pas à proximité : elles gardent ainsi le contact par leurs cris. Dans la nature, ce comportement leur permet de se retrouver. Il peut être mis à profit si l'oiseau s'enfuit. Souvent, l'oiseau qui s'est échappé revient vers son partenaire placé dans la cage devant la fenêtre ouverte.

En redressant les ailes, l'oiseau indique qu'il a trop chaud ou cherche à détendre ses muscles.

Les cinq sens

L'odorat : dans la plupart des cas, nous ne savons pas grand-chose sur l'odorat des oiseaux.

CONSEIL

Vous constaterez vous-même que les perruches callopsittes peuvent apprécier les aliments salés. Elles en sont même friandes. Un morceau de biscuit salé de temps en temps permet de varier le menu. Prudence toutefois, trop de sel peut nuire à sa santé. Dans la nature, le sel se présente sous forme minérale dans un sol salé et est consommé par l'animal.

Cependant, il est vraisemblable qu'ils perçoivent différentes odeurs. Cette aptitude est démontrée pour la fumée ou des substances à l'odeur forte et attirante.
Le goût : dans la nature, le goût n'a pas une très grande importance. Les oiseaux adultes enseignent aux plus jeunes ce qui est comestible. Par ailleurs, l'expérience personnelle joue également un rôle. La perruche goûte d'abord la nourriture avec la langue, ce qui lui permet de sélectionner ce qui n'est pas comestible. En revanche, les oiseaux domestiques disposent d'un grand choix et peuvent développer une préférence pour une nourriture particulière.
L'ouïe : elle est bien développée chez la perruche callopsitte. Certes, il existe des animaux qui ont une ouïe plus fine, mais on peut comparer celle de la perruche callopsitte avec celle de l'homme. Une bonne ouïe est importante pour communiquer à distance dans la nature. Elle permet, par exemple, d'avertir bien à l'avance le groupe de la présence d'un ennemi.
La vue : c'est le sens le mieux développé chez la perruche callopsitte. La position latérale des yeux sur la tête lui assure un champ visuel presque circulaire. Toutefois, elle ne dispose d'une vision binoculaire que dans un champ très restreint. Cependant, les oiseaux peuvent percevoir cinq fois plus d'images par seconde que l'homme, ce qui est important, en particulier en vol rapide. Celui qui aperçoit son ennemi à temps a de plus grandes chances de survie dans la nature.
La perception des couleurs est bien développée chez les oiseaux. Cette aptitude est notamment très importante pour la recherche de nourriture et la détection des ennemis (couleurs servant de signal d'avertissement chez les serpents et les insectes).

our bien digérer, la perruche oit disposer de sable pour iseaux.

Instaurer progressivement la confiance

Pour vivre en harmonie ave votre perruche callopsitte il importe qu'elle ait confianc en vous. A cet effet, il fau l'habituer lentement à so nouvel environnement. Le premières heures jouent u rôle déterminant dans l'attitude ultérieure de l'oiseau : il s montrera ainsi docile et attaché à vous ou, au contraire distant et méfiant.

Le transport à la maison

Si vous vous procurez une perruche callopsitte chez un éleveur ou en animalerie, on vou la remettra en général dan une petite boîte en bois ou e carton. L'obscurité et les paroi lisses, à l'intérieur de la boîte éviteront à l'oiseau de se blesser. Il ne sera pas excité par de sollicitations extérieure et sera protégé des

vec une friandise, que vous lui ésentez dans la main, vous ourrez gagner la confiance de oiseau.

courants d'air. Il subira donc un minimum de stress. Ramenez la perruche callopsitte le plus rapidement possible chez vous. S'il fait très chaud ou très froid, vous devrez prendre des précautions supplémentaires. Une fois chez vous, libérez-la dans sa nouvelle cage, qui devra déjà être installée et équipée.

Gagner sa confiance

Maintenez la boîte, dans laquelle est posé l'oiseau, ouverte devant la porte de la cage. Attendez qu'il sorte spontanément de la boîte. Cela peut prendre quelques minutes.

En aucun cas, il ne faut tapoter sur la boîte ou saisir l'oiseau avec votre main. Il vous associerait alors à l'angoisse liée à son transport. En outre, une perruche callopsitte peut vous pincer très fort avec son bec.

Lorsque les oiseaux sont dans leur cage, refermez la porte et observez-les de loin seulement. Durant leur premier jour dans ce nouvel environnement, les oiseaux ne devraient plus être dérangés. Ils doivent assimiler les impressions nouvelles. Un couple s'adaptera cependant plus facilement qu'un oiseau seul.

Les premiers jours sont les plus délicats, tant pour l'homme que pour les oiseaux. Toute manipulation de la cage, par exemple pour remplir les mangeoires, doit se faire dans le calme et, si possible, toujours de la même manière. Les nouveaux mouvements rapides et les bruits sont une source d'angoisse. Si les oiseaux sont très

ne perruche callopsitte apprioisée apprécie d'être caresée par sa maîtresse.

Ce qu'apprécient et ce que craignent les perruches callopsitte

Ce qu'elles apprécient	Ce qu'elle craignent
● Beaucoup de contacts avec la personne qui les soigne ou avec leurs congénères. ● De temps à autre, une friandise. ● Des branches ou du bois à grignoter (→ page 44). ● Beaucoup de mouvements, ou voler librement dans la pièce. ● Entendre la personne qui les soigne lui parler d'une voix douce. ● Des câlins de son partenaire, homme ou oiseau. ● Une cage dont la disposition ne change pas. ● Trouver un environnement inchangé quand elles volent à l'extérieur de la cage. ● Que son maître ne change pas trop d'aspect (vêtements, coiffure etc.). ● Que leur cage soit placée en hauteur et trouver un poste d'observation élevé quand elles volent librement dans la pièce. ● Toujours avoir des activités, pour ne pas s'ennuyer.	● Etre toujours seules. ● Que l'on s'approche de la cage sans faire de bruit. ● Des changements dans leur environnement (habituez lentement les oiseaux aux nouveautés). ● Les nouveaux jouets ou accessoires dans la cage. Montrez d'abord les nouveaux objets aux oiseaux plusieurs fois à l'extérieur de la cage. ● Des sons bruyants, inhabituels. ● Des vibrations et des secousses permanentes, comme il s'en produira si vous posez la cage sur un réfrigérateur. ● Etre attrapées à la main. ● Etre pourchassées par leur maître, par d'autres animaux domestiques ou par des enfants. ● Les courants d'air ou des températures constamment froides. ● Une absence de régularité dans le déroulement des activités quotidiennes. ● Un environnement sec, et l'impossibilité de prendre une douche.

craintifs, placez-vous suffisamment loin de la cage, afin qu'ils restent calmes. Ensuite, parlez-leur d'une voix posée. Ce que vous leur dites n'a pas d'importance, ce qui importe c'est le ton. Répétez souvent les noms que vous avez donnés à vos perruches callopsittes. Elles s'y habitueront rapidement et sauront que c'est d'elles qu'il s'agit.

L'habituer à se poser dans la main.

Les jours suivants, réduisez progressivement la distance entre la cage et vous et parlez souvent aux oiseaux d'une voix calme.

Finalement, vous pourrez vous placer tout près de la cage sans provoquer leur anxiété. Vous devriez alors les habituer en douceur à votre main.
Posez d'abord votre main doucement sur le grillage de la cage. Un peu plus tard, passez la main par la porte ouverte. Lorsque les oiseaux auront compris que votre main ne représente aucun danger, vous pourrez tenter l'étape suivante de mise en confiance. Placez alors votre main tout près, touchez-les avec des mouvements très précautionneux, caressez doucement le plumage de leur ventre. Il n'est pas inutile de présenter une friandise, comme un morceau d'épi de millet, sur la paume de la main. Présentez le plat de la main sous le ventre de l'oiseau. En général, à ce stade, il montera sur votre main. Les mots apaisants et les friandises (sans excès) favoriseront beaucoup son bon vouloir.
Répétez l'opération dans la cage jusqu'à ce que vous soyez sûr que chaque oiseau monte sur votre main quand vous le souhaitez. A présent, vos perruches sont prêtes pour le premier vol libre dans la pièce (→ page 102).
Il n'est pas possible de ramener directement des oiseaux encore craintifs dans leur cage.

rsque l'oiseau est suffisam-
ent apprivoisé pour se poser
ontanément sur votre doigt,
us pouvez le ramener sans
oblème dans sa cage une fois
'il a volé librement dans la
èce.

En pourchassant les animaux, vous détruiriez la confiance patiemment acquise. Evitez également tout mouvement brusque à proximité des oiseaux. Si vous voulez les amener à se poser sur votre main pour les remettre dans leur cage, réduisez d'abord légèrement l'éclairage dans la pièce.

Le repos nocturne

En général, les perruches callopsittes subdivisent elles-mêmes les journées en phases de veille et de repos, mais elles s'adaptent également au rythme quotidien de la personne qui les soigne.

La nuit, les animaux ont toutefois impérativement besoin de calme. Il faut éviter de les déranger le soir, une fois qu'ils ont pris leur position de repos préférée. Afin qu'ils puissent s'orienter la nuit, par exemple si quelque chose les a effrayés et s'ils sont réveillés, il est bon qu'ils disposent d'une faible source de lumière, faisant office de lune artificielle.

Il n'est pas nécessaire de recouvrir la cage d'un tissu.

Le premier vol hors de la cage

Lorsque les perruches callopsittes n'ont plus peur de votre main, vous pouvez les laisser voler librement pour la première fois. Il importe également de laisser suffisamment de temps aux oiseaux pour qu'ils observent de leur cage la pièce et son ameublement et qu'ils puissent en évaluer les limites.

Précautions préalables :

■ Assurez-vous que portes et fenêtres sont bien fermées et que les sources de dangers potentiels sont écartées (→ page 54).

■ Tirez les rideaux devant les fenêtres. Les perruches callopsittes ont un vol rapide. Elles ignorent ce qu'est le verre. Elles peuvent donc se blesser en se heurtant aux vitres. En l'absence de rideaux, déroulez les stores jusqu'à 20 cm du bas de la vitre et allumez la lumière. Remontez les stores tous les jours un peu plus, jusqu'à ce que la vitre soit complètement découverte. Les oiseaux apprendront à identifier les vitres comme des limites de la pièce.

Procédez comme suit : ouvrez la porte de la cage et laissez l'oiseau décider lui-même quand il veut faire ses premiers pas hors de la cage. Peut-être se posera-t-il sur votre main, pour que vous le promeniez dans la pièce. Dans ce cas, l'oi-

CONSEIL

Ne posez jamais la main au-dessus de la cage, quand vos perruches callopsittes se trouvent à l'intérieur, et n'essayez jamais de saisir un oiseau en approchant la main au-dessus de lui. La perruche callopsitte aurait l'impression d'être attaquée par un oiseau de proie, ce qui, dans la nature, aurait une issue fatale. En agissant de cette manière, vous réduiriez à néant le début de confiance que l'oiseau a placée en vous.

Ces deux-là s'entendent à merveille. L'oiseau se frotte contre la joue de son maître pour être tout près de lui.

seau associera votre main à un autre événement agréable. En aucun cas, il ne faut le forcer à sortir de la cage. De même, le retour doit être spontané. Il est préférable que l'oiseau y retourne de lui-même, poussé par la faim. Il faut donc qu'il y ait de l'eau et de la nourriture dans la cage.

Au début, de nombreux oiseaux éprouvent des difficultés à l'atterrissage. De même que pour voler avec assurance, ils doivent s'exercer. Au début, ils font en général des atterrissages très maladroits. Progressivement, ils choisissent leurs endroits favoris pour se poser dans la pièce. Placez-y de vieux journaux par exemple, pour récupérer les excréments.

Jeux et distractions pour les perruches callopsittes

Les facultés intellectuelles des perruches callopsittes ne sont certes pas comparables à celles d'un grand perroquet, mais elles n'ont rien à envier à celles des autres oiseaux domestiques. Pour stimuler leur intelligence, il est conseillé d'élever au moins deux oiseaux et de leur procurer suffisamment d'espace pour permettre leur épanouissement. Si vous ne possédez qu'une seule perruche, vous êtes son partenaire de substitution. Cela signifie que vous devez lui consacrer beaucoup de temps et vous en occuper énormément.

L'important, c'est de participer à vos activités

Comme les perruches callopsittes sont des oiseaux assez intelligents et sociables, le pire pour elles, c'est d'être continuellement seules, sans occupation et sans stimulations intellectuelles.

Lorsque vous êtes à la maison, vous devriez prendre l'habitude de laisser l'oiseau participer à votre vie quotidienne. C'est ce qui intéresse le plus une perruche callopsitte. Elle peut ainsi montrer ce qui lui plaît et ce qui ne lui plaît pas (→ tableau, page 100). Vous apprendrez de cette façon à comprendre le comportement et le caractère de vos oiseaux.

Par exemple, si la perruche a peur de l'aspirateur, il faut l'apaiser en parlant et la ramener dans sa cage où elle se sent en sécurité. Bientôt, elle comprendra que là, il n'y a pas de danger, et elle retournera spontanément dans sa cage dès qu'elle apercevra l'aspirateur.

Les activités domestiques quotidiennes sont une source d'intérêt et de divertissement pour les perruches callopsittes. Par exemple, si on met la table, beaucoup de perruches s'amuseront à faire tomber fourchettes et couteaux. S'il ne s'agit pas de vaisselle coûteuse, il est très amusant d'observer ces petits diables. Toutefois, si les perruches font des choses que vous désapprouvez, criez

Une grande feuille de salade peut occuper l'oiseau un bon bout de temps.

es bijoux qui brillent donnent nvie de tâter du bec et de goû-er avec la langue.

fermement «non». Il n'est pas rare qu'elles abandonnent leur activité. Les perruches très bien apprivoisées aiment se poser sur les épaules de leur maître. Alors, elles se sentent très proches de vous et participent à tout ce que vous faites. Beaucoup d'oiseaux se laissent transporter sur la main vers un robinet. Si l'eau coule, elle prendront volontiers une petite douche.

Une des distractions préférées des perruches callopsittes est, par exemple, de jouer avec de grosses billes sur la table. Elles poussent les billes les unes contre les autres et semblent en apprécier particulièrement le bruit et le mouvement.

■ Fabriquez une pelote de raphia avec des fibres de couleur naturelle. Coupez environ 20 fils de raphia de 15 cm de longueur. Rassemblez les fils en un écheveau et pliez celui-ci au milieu. Environ 2 cm en-dessous de la pliure, nouez un autre fil de raphia. Vous formerez ainsi un passant auquel vous fixerez un autre fil de raphia pour suspendre la pelote dans la cage ou l'arbre à oiseaux. Les perruches s'amuseront à tirer les fils un par un.

■ Vous pouvez jouer avec la perruche à l'aide d'une petite balle ajourée (disponible en animalerie). Placez la balle sur la table. L'oiseau comprendra vite qu'il peut la saisir avec son bec et la lancer. Faites à nouveau rouler la balle sur la table et la perruche la relancera.

■ Beaucoup de perruches callopsittes adorerent jouer avec une clochette. Attachez un cordon au battant d'une assez grosse cloche. La perruche tâte naturellement le cordon avec son bec et, de cette manière, fait sonner la cloche.

■ Incitez votre perruche callopsitte à rechercher sa nourriture. Enveloppez, par exemple, un épi de millet dans un papier non imprimé et fixez-le à une petite balle. Si l'oiseau joue avec la balle et si le papier s'ouvre par hasard, il trouvera le morceau de millet en récompense. Vous pouvez également placer un épi de millet dans une petite boîte en carton. Si vous découpez de petites ouvertures dans le carton, la perruche pourra ainsi commencer à le grignoter. Elle s'amusera beaucoup à ouvrir ce carton.

■ Les perruches callopsittes apprivoisées apprécient le jeu de l'escalier. Portez l'oiseau sur le doigt d'une main. Il tentera alors de monter sur un doigt de l'autre main, placé un peu plus haut. Les doigts seront comme les barreaux d'une échelle sur laquelle il doit grimper.

■ Lisez le journal avec votre perruche callopsitte. Faites crisser les pages en le dépliant. Déchirez à moitié une bande de papier. Elle s'amusera à le déchirer jusqu'au bout et à le déchiqueter en petits morceaux.

■ Laissez flotter quelques grains de raisin dans une assiette plate remplie d'eau. Placez l'oi-

Les cochons d'Inde et les perruches callopsittes s'entender bien en général.

Ce jouet permet de grimper et de se balancer.

seau sur le bord de l'assiette. Il poussera les fruits avec le bec et essaiera d'attraper un grain de raisin.

■ Beaucoup de perruches callopsittes aiment la musique classique, voyez comment la vôtre réagit. Peut-être fredonnera-t-elle la mélodie (→ page 110).

■ Testez l'intelligence de votre perruche callopsitte. Déposez sur des augets d'aspect différent de grands couvercles en carton, comme des dessous de verre à bière. Remplissez un auget d'eau et l'autre de friandises, par exemple d'épis de millet. Votre perruche comprendra étonnamment vite dans quel récipient se trouvent les friandises. Pour tester l'intelligence des perroquets, les scientifiques ont mis au point un test que vous pouvez également appliquer chez vous.

Les perruches callopsittes sont capables de reconnaître les couleurs (→ page 97). Prenez deux soucoupes identiques, remplissez l'une de graines et l'autre pas. La soucoupe dans laquelle se trouve la nourriture est, par exemple, recouverte d'un carton vert, et l'autre d'un carton rouge. Laissez l'oiseau regarder comment vous placez les couvercles sur les soucoupes. Présentez maintenant un autre carton vert à la perruche callopsitte, identique à celui qui recouvrait la soucoupe contenant la nourriture. L'oiseau comprendra rapidement ce qu'il doit faire. Il se dirigera vers la soucoupe recouverte d'un carton vert, et rejettera le carton, atteignant ainsi le supplément de nourriture bien mérité.

Un jouet approprié

On n' a pas toujours le temps de s'occuper de son oiseau. Il faut donc lui fournir un jouet pour qu'il se distraie.

Un des «jouets» préférés de la perruche callopsitte est l'arbre à oiseaux, tout au moins lorsqu'il est couvert de jouets (→ page 56). Cependant, vous ne devez laisser vos oiseaux se

poser sur l'arbre que lorsque vous êtes à la maison. Les laisser livrés à eux-mêmes peut rapidement entraîner des incidents imprévus. Une perruche peut, par exemple, se blesser.
Vous pourrez acheter des jouets appropriés pour votre perruche callopsitte en animalerie, ou les fabriquer vous-même. Les perruches apprécient notamment les jouets en bois, tels que les anneaux, des échelles ou une chaîne de rouleaux en bois attachés les uns aux autres. Des bobines de fil vides placées les unes derrière les autres peuvent également être très excitantes. Une perruche callopsitte peut s'amuser pendant des heures avec une simple branchette de bois naturel. Un miroir métallique donne l'impression à l'oiseau qu'un congénère est tout près de lui et il peut, en outre, faire du bruit avec le miroir. Les clochettes lui plaisent particulièrement et la perruche les fera souvent tinter. Les cartons et les bandes de papier ainsi que les rouleaux de papier de toilette vides lui procureront des activités très appréciées. Une perruche callopsitte peut passer des heures à fabriquer des confettis. Il faut toutefois prendre garde au papier imprimé, car l'encre d'imprimerie peut être toxique. Les cordons épais, par exemple les échelles de cordes, permettent de faire des acrobaties ou de se balancer. Il faut cependant s'assurer que les perruches ne grignotent pas les cordes ou

L'oiseau s'ennuiera moins s'il doit fournir un effort pour gagner sa nourriture.

Qu'est-ce qu'une perruche callopsitte peut apprendre ?

Les perruches callopsittes sont des oiseaux intelligents, comme Chloé a déjà pu le constater avec Youky et Bouty. Elles les laisse voler tous les jours dans la pièce. Les perruches ont finalement découvert une applique murale. Pour allumer la lampe, il faut tirer sur un petit cordon. Pas de problème pour Youky et Bouty, elles tirent avec leur bec. Naturellement, toutes deux reconnaissent leur nom. Lorsque Chloé appelle ses oiseaux, ils viennent se poser sur son épaule et se laissent transporter dans cette position à travers la pièce. Dans la cuisine, les deux perruches s'envolent vers l'évier. En penchant la tête, elles semblent demander quelque chose à Chloé. Elle sait ce que cela veut dire. Elle doit ouvrir un peu le robinet, pour que les oiseaux puissent prendre un bain-douche. Les ailes étendues, les perruches se placent à tour de rôle sous le léger jet d'eau. Youky et Bounty ont également compris ce qui était interdit. Si Chloé les surprend en train de grignoter la tapisserie, elle crie très fort "arrêtez". Les deux petits diables s'enfuient aussitôt. A présent, il a fallu placer une fermeture de sécurité sur la cage de Youky et Bounty, car ces petites futées avaient rapidement compris comment ouvrir la cage, et voler librement dans la pièce quand l'envie leur en prenait.

n'en arrachent pas des morceaux pour les avaler. Cela pourrait entraîner une inflammation du gésier ou des problèmes digestifs. Les perruches callopsittes aiment tout ce qui brille, qu'il s'agisse d'un stylo ou de vos bijoux (→ photo, page 105). Elles grignotent volontiers aussi les mines de plomb ou les crayons de couleur. Attention, car ces mines constituent un poison pour l'oiseau. Seules les mines de graphite peuvent être manipulées sans danger.

Remarque : si les perruches callopsittes se désintéressent d'un jouet, sortez–le de la cage et présentez-le lui à nouveau après quelques jours. De cette manière, vous pourrez lui redonner goût à d'anciens jouets.

Apprendre à parler

Si vous souhaitez un oiseau qui parle très bien et répète presque tout mot pour mot, la perruche callopsitte n'est peut-être pas le meilleur choix. Il existe, en effet, bien d'autres oiseaux qui imitent beaucoup mieux les sons qu'ils entendent, par exemple, le perroquet gris ou le mainate. Toutefois, la perruche callopsitte possède certains talents d'imitateur.

De nombreuses perruches callopsittes sont parfaitement capables d'imiter des sons, voire des chants entiers, en sifflant. Vous pouvez favoriser ce don en leur sifflotant toujours le même chant, la même mélodie. Il faut recommencer jusqu'à ce que l'oiseau l'imite parfaitement. Siffler fait également partie du rituel nuptial du mâle pour impressionner la femelle, aussi, les mâles sont-ils plus doués que les femelles pour l'imitation des chants.

Les perruches callopsittes sont moins douées pour la parole. Néanmoins, on peut essayer de découvrir des talents cachés et les stimuler.

Il importe à cet effet de répéter constamment les mots que l'oiseau doit prononcer. Exercez-vous avec lui aussi souvent que possible. Il faut toujours lui parler avec la même intonation et répéter les mêmes mots dans les mêmes situations. L'oiseau apprendra plus aisément si vous y allez progressivement. S'il a assimilé un mot ou une phrase, par exemple «bonjour» pour vous saluer, vous pouvez en espacer la répétition et lui apprendre un nouveau mot. Assurez-vous toujours qu'il n'est pas distrait par des bruits ou d'autres activités. Une bonne façon de procéder consiste à pratiquer l'exercice dans une pièce sombre, l'oiseau perché sur votre main. Il pourra ainsi se concentrer plus aisément. Ne soyez cependant pas trop exigeant avec votre perruche. Si cela ne marche pas immédiatement, ne perdez pas patience. Faites d'abord autre chose, et recommencez ensuite à vous exercer avec votre oiseau.

Voici une balançoire, vendue en animalerie, utilisée comme perchoir suspendu dans la pièce ou placée dans la cage.

Remarque : si après un certain temps, vous constatez que votre oiseau n'est ni doué pour l'imitation de mélodies, ni pour la parole, ne lui en veuillez pas. Réjouissez-vous plutôt des traits les plus intéressants de son caractère.

Des compagnons intelligents et agréables à observer

Si vous voulez observer les différentes positions de la huppe de votre perruche callopsitte (→ page 94), voici quelques conseils : accrochez un nouveau miroir dans la cage, si possible un miroir de couleur très vive. Au début, il va observer le nouvel objet avec méfiance et il n'est pas rare qu'il émette un feulement. Quand il aura compris qu'il n'y a aucun danger, il inspectera le jouet sous tous les angles, le grignotera et le goûtera avec la langue. Ce faisant, il piaillera doucement. Vous pouvez faire les mêmes observations lorsque les oiseaux volent librement dans la pièce et ont remarqué un changement dans leur environnement. Les changements apportent une diversion dans la monotonie de leur quotidien et font passer plus agréablement le temps. Trop de changements quotidiens sont toutefois une source de stress, car les oiseaux n'auront pas la possibilité de se raccrocher à une quelconque habitude.

ne perruche callopsitte en xploration. Même les fruits ont inspectés attentivement.

Résoudre correctement les problèmes de comportement

Lorsque vous possédez une perruche callopsitte, vous pouvez rencontrer un certain nombre de problèmes. Dans la plupart des cas, ce n'est pas l'oiseau lui-même qui est en cause, mais la manière dont il est soigné.

Elle ne s'apprivoise pas

Problème : la perruche ne se laisse pas apprivoiser, même si son propriétaire s'en occupe beaucoup.

Causes possibles : l'oiseau a peut-être fait de mauvaises expériences avec les hommes dans sa jeunesse, ou alors, vous n'avez pas acheté une perruche callopsitte jeune, mais un sujet adulte s'étant déjà accouplé.

Solution : vous pouvez essayer de familiariser l'oiseau avec votre main en usant à la fois de douceur et de fermeté. Posez une friandise dans une main et installez-y votre perruche, tout en la tenant légèrement avec l'autre main, sans trop la serrer. Ne portez pas de gants, car ceux-ci lui feraient encore plus peur. Cependant, si vous êtes sensible, cette méthode ne vous est pas recommandée, la perruche callopsitte pourrait vous mordre très fort !

Si vous arrivez à tenir ainsi l'oiseau sur votre main à plusieurs reprises pendant quelques jours, il finira par comprendre que cet exercice est sans danger pour lui et deviendra plus confiant.

Habituer deux perruches l'une à l'autre

Problème : vous possédiez jusqu'ici un seul oiseau et vous voudriez qu'il s'habitue à un congénère, mais les deux oiseaux ne s'entendent visiblement pas.

Causes possibles : l'une des deux perruches a vécu longtemps avec un compagnon et n'est pas prête à en accepter un nouveau. Il est également possible que l'un des oiseaux ne soit habitué qu'à l'homme. Dans un tel cas, le congénère ne lui apparaît pas comme un partenaire.

Solution : oiseau grégaire, la perruche callopsitte est, en règle générale, très sociable. De plus, elle est très accommodante, ce qui la rend spécialement adaptée à la vie en groupe. Pour habituer un oiseau solitaire à un partenaire, vous devriez, dans un premier temps, mettre les deux oiseaux ensemble dans une cage assez grande et les observer. Si, dans les premières heures, il n'y a pas de disputes, ils s'accorderont probablemer bien par la suite. S'ils ne s'er tendent pas, mettez-les dar deux cages séparées, côte à côt Laissez-les par la suite s'envol librement en terrain neutr c'est-à-dire dans une pièce qu leur est inconnue, à l'un comm à l'autre.

Si les deux oiseaux sympath sent passablement, mettez-le de nouveau ensemble dans un grande cage, nouvelle si pos sible, et posez la cage dans un pièce inconnue. Ils recevror leur nourriture uniquement cet endroit. Cette méthode d familiarisation est fréquemmer couronnée de succès. Pe importe le sexe du partenaire les perruches callopsitte s'adaptent très bien à des parte naires du même sexe.

Un oiseau inactif et silencieux

Problème : la perruche callop sitte bouge peu, n'accepte guèr de nourriture et reste siler cieuse.

Causes possibles : il est fréquer que l'oiseau boude simplemer parce que quelque chose ne lu plaît pas. Il est possible qu'il s sente seul et qu'il ait envie d distraction, de contacts.

Solution : essayez d'abor

ınalyser les causes de ce chan-ment de comportement et ısuite d'y remédier. Assurez-ous également qu'il reçoit une ımentation adaptée. Observez ›iseau de très près pendant ute une journée, il est peut-re malade (→ page 73). S'il ıffaiblit, dort beaucoup et sse complètement de s'ali-enter, consultez immédiate-ent un vétérinaire.

L'aspect des fientes change

'oblème : les fientes perdent ur consistance relativement rme et prennent un aspect de ›uillie, ou deviennent même ıuides. Les éléments verts et ancs dans les fientes ne sont us visibles.

auses possibles : la perruche ıllopsitte a mangé op de fruits, son ıu était trop froide ou elle était très excitée. Le changement de l'aspect des fientes est normal dans de tels cas. Après une ou deux défécations, les excréments devraient néanmoins retrouver leur aspect normal.

Solution : donnez à boire de l'eau à température ambiante et en grande quantité. Proposez-lui un peu de banane écrasée, mélangée à des miettes de biscottes. Si les fientes ne retrouvent pas rapidement leur consistance normale, consultez immédiatement un vétérinaire (→ page 76).

Du sang autour du cloaque

Problème : l'oiseau pousse très fort, mais il n'arrive pas à déféquer. Dans certains cas, il y a du sang sur le plumage, autour du cloaque, et la partie arrière du corps de l'oiseau est enflée.

Causes possibles : si votre perruche a avalé du papier, il est possible qu'elle soit constipée. Il peut également s'agir d'un problème de rétention d'œufs chez la femelle, de lipome (tumeur bénigne due à une prolifération de tissus adipeux), ou de tumeurs.

Solution : dans le cas d'une constipation, un léger massage du ventre, de la chaleur humide obtenue à l'aide d'une serviette mouillée placée dans la cage et un traitement au moyen d'une lampe infrarouge (→ page 73) pourront y remédier. Dans le cas de la rétention d'œufs, vous pouvez avoir recours au même traitement ou appliquer un peu d'huile alimentaire dans le cloaque de l'oiseau. Emmenez-le néanmoins chez le vétérinaire s'il ne va pas mieux au bout d'une heure, pour clarifier les causes de ce malaise.

Même si vous adorez votre oiseau, ne buvez jamais dans le même verre que lui.

Que faire si le compagnon meurt ?

Après avoir formé un couple, deux perruches callopsittes restent ensemble pour la vie. Il y a peu de temps, la femelle du couple de perruches callopsittes de Benjamin est morte. Le mâle a traversé une douloureuse période de deuil. Il ne chantait plus comme avant et refusait de sortir de sa cage. Pour le consoler, Benjamin s'est particulièrement occupé de l'oiseau et lui a beaucoup parlé, ce qui lui faisait du bien. Progressivement, la joie de vivre de la perruche est revenue. Si l'oiseau n'est pas trop âgé, il est souhaitable de lui trouver un nouveau compagnon (→ page 112).

Altération de la peau et blessures

Problème : l'aspect de la peau change sur une partie du corps ou la peau saigne légèrement.
Causes possibles : l'oiseau a heurté un objet en volant ou en s'agitant dans sa cage ou en grimpant sur son arbre.
Solution : dans le cas de saignements légers, appliquez du coton hémostatique, puis désinfectez la blessure avec de l'iode. S'il s'agit d'un hématome, soignez-le avec une pommade utilisée par les sportifs. Si la blessure est plus grave, consultez un vétérinaire (→ page 73).

Bâillements et éternuements fréquents

Problème : vous remarquez que votre perruche callopsitte bâille ou éternue fréquemment, bien qu'elle soit bien portante et ne présente aucun écoulement nasal.
Causes possibles : les bâillements témoignent soit d'une fatigue de l'oiseau, soit d'un manque d'oxygène. Les éternuements, en l'absence d'une maladie, peuvent indiquer que l'air qu'il respire est trop sec et poussiéreux ou qu'il a les narines bouchées.
Solution : veillez à ce que l'air soit frais et propre, aérez souvent la pièce dans laquelle se trouve votre oiseau tout en évitant les courants d'air. Si l'oiseau a été très actif, il a le droit de faire un petit somme. Un humidificateur d'air ou une fontaine d'intérieur rend l'air plus humide et prévient un encombrement des narines. Des narines encombrées doivent être nettoyées par un vétérinaire.

Perte abondante de plumes

Problème : vous trouvez de nombreuses plumes dans sa cage.
Causes possibles : les causes peuvent en être multiples. S'il éprouve une grande frayeur, l'oiseau peut perdre beaucoup de plumes à la fois, dans le but d'échapper à un ennemi. Si cette perte de plumes persiste pendant plusieurs jours, e

ɘut être due à un trouble du .étabolisme, à un problème ɔrmonal ou à une carence.
ɔlution : si vous le jugez nécesɩire, consultez un vétérinaire. 'ne alimentation variée, un ɔport adéquat en vitamines et ɛs bains de soleil peuvent perɩettre une normalisation de la ɩue.

L'oiseau évite de se servir d'une patte ou d'une aile

roblème : votre perruche calɔpsitte n'utilise qu'une patte ɔur se tenir debout ou ne vole ɑs car une de ses ailes est, parɩellement ou entièrement, aralysée.
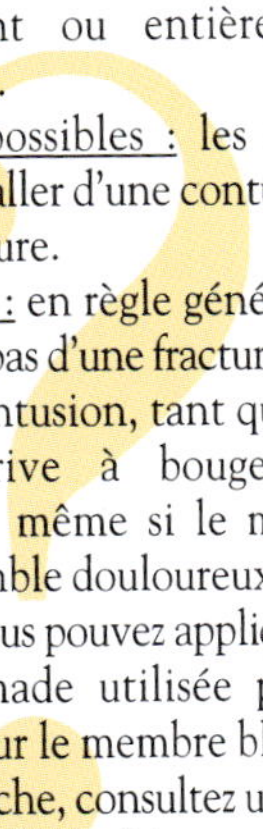
ɔauses possibles : les causes euvent aller d'une contusion à ɩne fracture.
olution : en règle générale, il ɩe s'agit pas d'une fracture, mais 'une contusion, tant que l'oiɛau arrive à bouger son ɩembre, même si le mouveɩent semble douloureux. Dans e cas, vous pouvez appliquer de a pommade utilisée par les portifs sur le membre blessé. ɩn revanche, consultez un vétéɩnaire et faites faire une radioɾaphie si l'oiseau laisse pendre e membre immobile.

Disputes dans la volière

Problème : de nouveaux congénères sont introduits dans la volière au moment où le couple de perruches callopsittes est en train de couver. Le couple se montre agressif envers les nouveaux venus.
Cause : le couple qui est en train de couver n'a pas la possibilité de délimiter son territoire dans la volière.
Solution : il est déconseillé de confronter un couple qui niche à de nouveaux congénères. Les agressions des futurs parents pourraient mettre en péril la vie sociale ultérieure des oiseaux. Veillez dans tous les cas à ce que la volière soit assez grande pour permettre à chaque couple de délimiter son territoire pendant la période de nidification. Respectez toujours l'équilibre entre mâles et femelles dans la volière. Mettez des nichoirs en nombre suffisant à la disposition de vos oiseaux lorsque vous possédez plusieurs couples.

Obésité

Problème : au fil du temps, votre perruche callopsitte a tellement grossi qu'elle ne peut plus guère voler.

Profitons de l'occasion : personne ne me voit chaparder ce pain.

<u>Causes possibles :</u> les perruches callopsittes deviennent principalement obèses lorsque leur alimentation n'est pas adéquate ou pas équilibrée, ou lorsqu'elles manquent d'activités physiques.

Elles sont nombreuses à avoir une prédilection pour les graines de tournesol, présentes dans les mélanges d'aliments pour oiseaux. Ces graines sont trop riches en lipides, et cet apport énergétique est excessif par rapport aux besoins des perruches. En effet, les oiseaux domestiques n'ont pas, comme leurs congénères sauvages, à voler des journées entières à la recherche de nourriture.

<u>Solution :</u> les graines de plus petite taille comme le millet ou l'alpiste contiennent davantage de glucides et de fibres et moins de lipides que les graines de tournesol, par exemple. Ces graines évitent à la perruche callopsitte de s'engraisser trop rapidement et elles stimulent ses fonctions intestinales.

Afin d'obtenir la même quantité d'énergie que lorsqu'il se nourrit uniquement de graines de tournesol, l'oiseau doit décortiquer et consommer plusieurs petites graines. Il sera occupé nettement plus longtemps et dépensera plus d'énergie.

De nombreux oiseaux ont tendance à ne manger que les aliments qu'ils préfèrent. Vous êtes responsable de l'alimentation de votre oiseau. Si vous cédez à ses caprices, son alimentation sera déséquilibrée.

Il est, par conséquent, très important de veiller à un bon dosage des graines, en évitant l'excès de celles qui sont trop riches en lipides.

Après avoir consommé toutes les graines de tournesol dans sa ration journalière, la perruche callopsitte devra se contenter des plus petites graines.

Donnez un minimum de noi
quelle que soit leur variété, c
elles aussi contiennent bea
coup de lipides.

<u>Avertissement :</u> dans l
volières ou les cages con
munes, on ne trouve guè
d'oiseaux obèses. Les occupan
se motivent mutuellement
être actifs et se « battent » pa
fois pour la meilleure plac
auprès de la mangeoire. D
cette manière, ils ne const
tuent pas de réserves c
graisses. Ne condamnez jama
un oiseau obèse à un «régim
zéro» et ne réduisez pas
ration de façon drastique, ca
dans le cas d'une maladie c
d'un stress, les besoins du cor
augmentent et l'apport énerg
tique doit être plus importan
Si cette énergie ne lui est p
fournie, son état se détériore
rapidement. Le meilleur moye
de contrôler le poids de vot
oiseau est de lui offrir suffisan
ment d'exercices et un
alimentation variée. Des fria

Ne proposez de la salade à votre oiseau que si vous êtes sûr qu'elle n'est pas traitée.

…ses, comme une noix, remplissent aussi bien leur fonction de récompense si elles sont partagées en deux ou en quatre.

La mue

Problème : la perruche callopsitte perd ses plumes une à une toute l'année.
Causes : les Psittacidés (famille des perroquets) dont font partie les perruches callopsittes, muent continuellement pendant toute l'année.
On entend par mue le changement régulier du plumage.
La mue n'est pas une maladie mais un phénomène naturel. C'est pourquoi il est normal qu'il y ait toujours quelques plumes dans la cage. Une perte brutale de tout son plumage rendrait l'oiseau incapable de voler. Dans la nature, il deviendrait donc une proie facile pour ses ennemis.
Cependant, il existe une mue causée par la frayeur : l'oiseau perd de nombreuses plumes en cas de grande frayeur, pour échapper à un ennemi.
La mue, qui est conditionnée par des troubles du métabolisme, peut s'interrompre, notamment chez des oiseaux âgés. Ces oiseaux doivent avoir un apport suffisant en graines germées (→ page 58), ainsi qu'en préparations multivitaminées spécialement élaborées pour oiseaux en période de mue (disponibles chez le vétérinaire). Vous trouverez également des préparations à effet thérapeutique particulièrement adaptées à l'organisme des oiseaux chez le vétérinaire. La mue peut affaiblir l'oiseau, car il lui faut de l'énergie pour synthétiser de nouvelles plumes. Le calme et une alimentation équilibrée lui permettront de traverser cette période sans problème majeur. Dans le cas d'un oiseau âgé, un traitement à l'aide d'une lampe infrarouge peut être bénéfique (→ page 73).

Le picage (arrachage des plumes)

Problème : la perruche callopsitte est déplumée sur la quasi-totalité du corps, à l'exception du sommet de la tête.
Causes possibles : cette maladie s'observe le plus fréquemment chez les grands perroquets, mais la perruche callopsitte peut également en être affectée.
Elle peut être due à une alimentation inadéquate, à une maladie de la peau, au stress ou à l'ennui. Les troubles psychologiques jouent un rôle prépondérant, en particulier chez les oiseaux très bien apprivoisés.
Solution : lorsqu'un oiseau a commencé à s'arracher les plumes, il est très difficile de l'arrêter, même si la cause, par exemple une affection de la peau, a été soignée depuis longtemps. Des activités variées qui font oublier à l'oiseau la monotonie de la captivité, un compagnon ou une nouvelle vie dans une volière peuvent être bénéfiques dans ce cas. Avant de prendre une telle décision, vous devriez toutefois demander l'avis d'un vétérinaire pour connaître les causes médicales éventuelles du picage.
Avertissement : les plumes anormales révèlent une anomalie dans le processus de formation du plumage. Ces anomalies sont souvent héréditaires et il n'existe guère de traitement. Des plumes isolées qui paraissent gênantes peuvent être enlevées par un vétérinaire. Il faut cependant se demander si ces malformations des plumes ne sont pas dues à une mauvaise alimentation ou à un trouble du métabolisme.

Ma perruche callopsitte

Collez ici la photo préférée de votre perruche callopsitte

Nom

Reçue le

Eleveur / Animalerie / Amis

Sexe

Race / Couleur

N° de la bague

Signes particuliers

Nourriture préférée

Caractéristiques de ma perruche

Vétérinaire, nom, adresse

Les numéros de page indiqués **en gras** renvoient aux photos et aux illustrations.

De ce poste élevé, l'oiseau peut tout voir.

Cette perruche callopsitte ne sait pas encore si elle peut goûter le basilic.

Les fruits sont riches en vitamines. Ils sont indispensables à une alimentation équilibrée.

ıdresses utiles

ociété centrale d'aviculture e France (SCAF)
4, rue de Lille
5 007 PARIS

.P.A.
9, bd Berthier
5 017 PARIS
'él. : 01 43 80 40 66

)rganisation internationale rnithologique (OIO)
8, rue Keller
5 011 PARIS

.igue royale belge pour ı protection des oiseaux
3-45, rue Weeweyde
}-1070 Bruxelles
'él : 02 521 28 50

Questions sur les perruches callopsittes

AFIRAC, Association française d'information et de recherche sur l'animal de compagnie
23, rue du Cherche-Midi
75 006 PARIS
Tél. : 01 45 44 03 48

Bibliographie

Michèle Pilotte
Vous et votre cockatiel (perruche callopsite)
Les Editions de l'homme.

Philippe de Wailly
Perruches, Perroquets et autres oiseaux parleurs
Solar.

Matthew & M. Vriends
Les oiseaux de cage et de volière
Guide vert Solar.

Jaromir Knotek
Oiseaux de cage et de volière
Gründ.

Revues

30 Millions d'amis – La vie des bêtes.

Vivre avec les oiseaux
EDIMAG
B.P. 4, 80 200 Marchelepot.

Les oiseaux du monde, revue officielle de l'Union ornithologique de France
2, rue de Dahlias, 95 500 Gonesse.

L'auteur

Thomas Haupt, qui a vécu en compagnie d'animaux dès sa jeunesse, exerce comme vétérinaire depuis 1992 et soigne en particulier les oiseaux. Il en élève lui-même de nombreux exemplaires, notamment des perruches et des perroquets. Par ailleurs, il s'occupe d'une clinique pour animaux sauvages blessés.

La photographe

Les photographies présentées dans cet ouvrage ont été réalisées par Karin Skogstad, à l'exception de celles des pages suivantes :
Juniors/Liebold : page 20 ; Juniors/Wegner : page 27, 38 g. b. ; 48, 67, 82 d. ;
Kuhn : page 98, 99, 104, 106, 115, 121, 128 g. h. ;
Pfeffer : page 36 mi. b., d. b. ; 37 g. h., d. h. d.b., 39 g. h., g. b. ; 49 ;
Reinhard : page 8, 9, 18/19, 29, 31, 34/35, 36 g. h., 37 d. b., 39 d. h. ;
Schweiger/Arendt : page 6/7, 10/11, 90/91.

Karin Skogstad exerce depuis 1979 les métiers de journaliste et photographe à titre indépendant. Elle est spécialisée dans les animaux et les plantes.

L'illustratrice

Renate Holzner exerce la profession d'illustratrice indépendante. Elle a effectué des travaux très divers, allant des dessins au trait aux illustrations extrêmement réalistes, en passant par les conceptions assistées par ordinateur.

Photos de la couverture et dans l'ouvrage

Première : mâle au plumage de type sauvage (grande et petite photos).
Page 2/3 : la verdure n'a pas seulement pour but de varier agréablement le menu. Elle constitue un apport important pour la santé.
Page 6/7 : perruches callopsittes dans leur milieu naturel.
Page 40/41 : la perruche tâte tout du bec et de la langue pour voir si c'est comestible.
Page 88/89 : un épi de millet est une des friandises préférées de la perruche.
Quatrième : mâles pie et lutino mangeant un épi de millet.

Edition

L'édition originale de ce ouvrage a été publiée sous l'ir titulé *Der Nymphensittich, mei Heimtier,* par Gräfe und Unze Verlag GmbH, Munich.

Imprimé en China
par SNP Leefung Printers Limited
ISBN: 978-2-501-05124-8
Dépôt légal: January 2008
Édition 01

Conseils importants

Les personnes qui sont allergiques aux plumes ou à la poussière de plumes ne devraient pas avoir d'oiseaux. En cas de doute, interrogez votre médecin. L'ornithose ou psittacose («maladie du perroquet») est une infection bactérienne qui se transmet à l'homme par les particules de fientes d'oiseaux infectés ou par leurs sécrétions nasales (→ page 79). Si vous soupçonnez cette maladie chez votre perruche callopsitte, consultez un vétérinaire. Si vous présentez des symptômes de refroidissement ou de grippe, consultez impérativement un médecin et signalez-lui que vous avez un oiseau.

ui est cet oiseau inconnu ıns le miroir ? Il faut voir cela ː plus près.

DES GUIDES POUR TOUTE LA FAMILLE

Comment bien s'occuper de ses animaux

4,90 € SEULEMENT
Prix TTC France

S'INFORMER AVANT L'ACQUISITION

BIEN LES INSTALLER ET LES SOIGNER

APPRENDRE À LES COMPRENDRE ET À S'EN OCCUPER

MARABOUT